致敬
Salute

新时代领跑者
The Pioneers

上海市总工会 编著

上海文化出版社
SHANGHAI CULTURE PUBLISHING HOUSE

前　　言

　　劳动模范是民族的精英、人民的楷模，是共和国的功臣。

　　以习近平同志为核心的党中央提出了创新、协调、绿色、开放、共享这五大新发展理念，引领着上海的发展。在过去的五年里，在党中央的正确领导下，上海市委、市政府带领全市广大职工苦干实干、克难奋进，不断深入推进"五个中心"、全力打响"四大品牌"，深化"三大任务""一大平台"任务落实，取得了伟大成就，实现了历史性跨越。在这一伟大征程中，涌现出一大批劳动模范，他们用智慧和汗水，谱写奋斗之歌，成为新时代领跑者。

　　本画册呈现了2020年度上海市全国劳动模范和先进工作者的时代风采。在他们的故事中，爱岗敬业、争创一流、艰苦奋斗、勇于创新、淡泊名利、甘于奉献的劳模精神，崇尚劳动、热爱劳动、辛勤劳动、诚实劳动的劳动精神，执著专注、精益求精、一丝不苟、追求卓越的工匠精神，正在新时代、新征程的伟大实践中熠熠生辉。

上海市总工会

目 录 CONTENTS

CHAPTER 03

第三篇 绿色发展，共建宜居城市

CHAPTER 04

第四篇 开放发展，打造经济新高地

CHAPTER 05

第五篇　共享发展，实现全面小康

CHAPTER 01

第一篇
创新发展，激发发展新动力

为全面落实国家战略，转换发展动力，优化经济结构，提高发展水平，上海把创新摆在城市发展全局的核心位置，推进以科技创新为核心的全面创新，充分激发全社会创新活力和动力。

在深入实施创新驱动发展战略中，广大劳模和先进工作者勇创一流、为国铸剑，为全面提升"五个中心"能级、推动产业转型升级、构建创新发展新体制等作出了突出贡献。

王曙群

"太空之吻"的缔造者

上海航天设备制造总厂有限公司对接机构组班组长

太空万里穿针，编织无缝天衣
寰宇浩瀚无比，探索永无止境
仰望星空，逐梦星辰大海，他以中国制造成就"太空之吻"
脚踏实地，彰显匠人之心，他以中国精度铸造"大国重器"

用双手缔造"太空之吻"

2011 年，神舟八号和天宫一号载着由王曙群带领的团队亲手装调的对接机构，在太空上演了一场完美的"太空之吻"表演，使我国成为继俄罗斯之后第二个掌握对接机构装调技术的国家。对于王曙群总装的对接机构，中国首位航天员杨利伟给出了"能够让航天员放心地去执行任务"的高度评价。

对接锁系同步性装调质量决定了航天员能否在太空生存和能否安全返回地面，是交会对接任务中的重中之重。12 把对接锁是对接机构中的关键部件，为保证对接、分离成功，相关各舱室的气体不能泄漏，舱与舱之间也要"天衣无缝"，对接时必须保持平稳、牢固，不能剧烈晃动。

12 把锁的锁钩必须实现同步锁紧、同步分离，这就好比在太空中"拧螺丝"。他在装配过程中必须边装配、边调整、边试验。经过多次试验发现，分离姿态与设计要求产生了严重偏差，这种偏差毫无规律可寻。从那天起，他便和这个问题较上了劲。

为了早日攻克这一难题，他走路时想、睡觉时想，有时在饭桌上还会情不自禁地用手比划。在那段日子里，他经常是一天呆在家里的时间不足 8 小时。通过近一年的反复试验、摸索，他终于发现锁钩采用钢索转动在大载荷下钢索会变长，张力会下降，这就导致了锁钩无法实现同步解锁。

找到了问题的症结，他马上提出了改变钢索旋向以及对钢索进行预拉伸处理的工艺方案，一举解决了困扰对接机构团队近两年的对接锁系同步性协调的难题，使同步稳定性从最初的 3 次提高至 50 次以上。

如今说到王曙群，大家自然而然地就给他贴上了对接机构的"标签"，或者说王曙群已经成为了对接机构中国制造的"代言人"。

董绍明

中国陶瓷基复合材料专家

中国科学院上海硅酸盐研究所中心主任

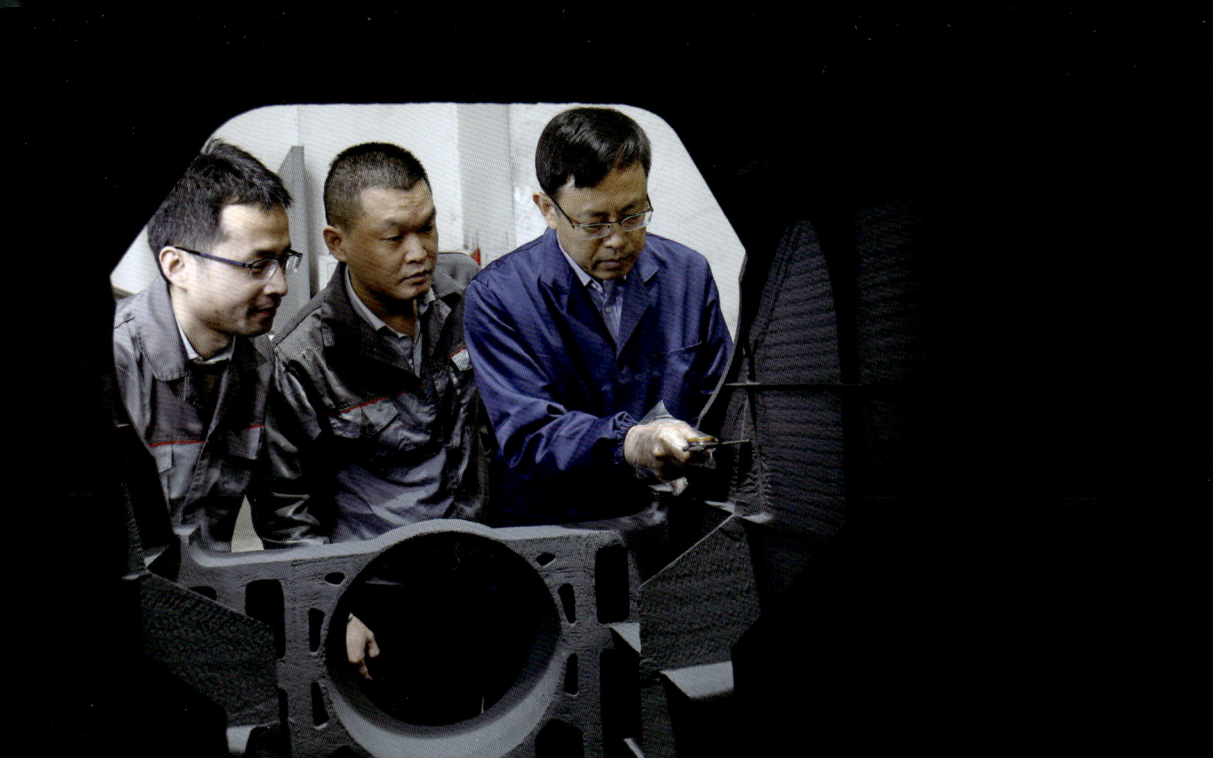

高分七号的"定海神针"

2019 年 11 月 3 日，高分七号成功发射升空，两天后在轨开机即向地面传回清晰图像。此时，在中国科学院上海硅酸盐研究所一间普通的办公室里，面对着铺天盖地的新闻报道，一位中年科技工作者兴奋地说："成功啦！我们的定海神针绝对稳定，开机成像高清！"

他，就是中国科学院上海硅酸盐研究所董绍明院士、高分七号"定海神针"研究者，国内将陶瓷基复合材料支撑结构用于空间遥感领域的第一人。

记忆回到 2015 年。"老董，高分七号卫星还没有支撑结构，我们寻遍了地球上的材料，只有陶瓷基复合材料才能达到相机高稳定的要求，就靠您啦！"面对着风尘仆仆赶来上海的卫星研制技术人员，董绍明陷入了沉思。

高分七号——国家高分专项中一颗立体测绘卫星。相机又大又复杂，要求却要达到亚米级分辨率。

他摊开图纸，眼前呈现出一个棱角分明的大家伙，内部分布着数条遮光板和数十个螺丝孔，一个方向的尺寸竟有一人之高。不难想象，用陶瓷基复合材料给这样的相机做支撑结构，困难重重。"这是国家任务，再难也要上。科研人员的使命不就是要为国家解决卡脖子的难题吗？"

"干！"董绍明决定放手一搏，毅然接下了这个任务。

经过无数个不眠之夜，研制方案得到了用户认可，进入了关键的成品研发阶段。他每天第一个来到实验室，仔细检查，生怕漏掉一处。支撑结构内部的尺寸精度和清洁度工作，原是工人负责，但他却坚持自己爬到内部去打磨和清理，常常一干就是几个小时，累得直不起腰。他坚信，只有掌握第一手资料，才能交出高质量的产品。在他带领和研制组的持续努力下，一个个难题终于迎刃而解。

陈景毅

大国重器的"焊"卫者

江南造船（集团）有限责任公司首席技师

心底有信仰，眼中便有光彩
焊枪上淬炼匠心，火光中磨炼品质
他技艺超群，以孜孜不倦的身影奋战一线
他创新攻关，以 "加扁担"的方法破解难题
他铁画银钩，以大师的风范书写大国的明天

给雪龙装上一副钢牙

"老陈，雪龙的冰刀很棘手啊，有把握吗？"2017年某燥热的夏夜，现场办公室灯火通明。"已经在试验了，给我30天，有把握！"陈景毅话语不多却掷地有声，底气来自他30年特种焊接的过硬技能。"给雪龙装上一副钢牙，冷热酸甜，无限航区！"陈景毅在笔记本首页写下决心，力透纸背。

从2017年雪龙2号开始建造，陈景毅带领团队已先后攻克了双相不锈钢燃油舱焊接等多个技术难关，此时的100毫米高强钢冰刀区域装焊，是雪龙2号能够实现1.5米厚冰环境连续破冰航行的关键结构，"超厚板、高强钢、大熔深、全焊透、冷裂纹"，外板厚度40毫米，冰刀厚度100毫米，如何实现零缺陷对接焊？陈景毅如数家珍地罗列着技术难点，"测量、试焊、理化、冲击、换参数"，循环往复的调试重复上演，最终探索出了最优参数和焊接手法等工艺指标。27天，他完成了冰刀结构的完美装焊。

2019年11月26日，雪龙2号艏向、艉向破冰试验成功，陈景毅欣慰地在笔记本上写下"完成"二字。陈景毅不仅实现了承诺，还突破了超厚高强钢过度对接的焊接技术。

从业30年的他是多项焊接技术的国内首创者，大国重器的"焊"卫者。如今，作为江南第二代"焊王"，他在承担着焊接首席技师责任的同时，更多的时间在培养江南一代又一代的焊接人才，锻造出了一支江南焊接铁军。其中，徒弟陈宜峰、李硕等第三代焊接英才斩获国内外竞赛冠军，已能独当一面，而第四代焊接新秀也正茁壮成长。

王 海

大飞机的"守护者"

上海飞机制造有限公司 C919 大型客机外场试验队队长助理

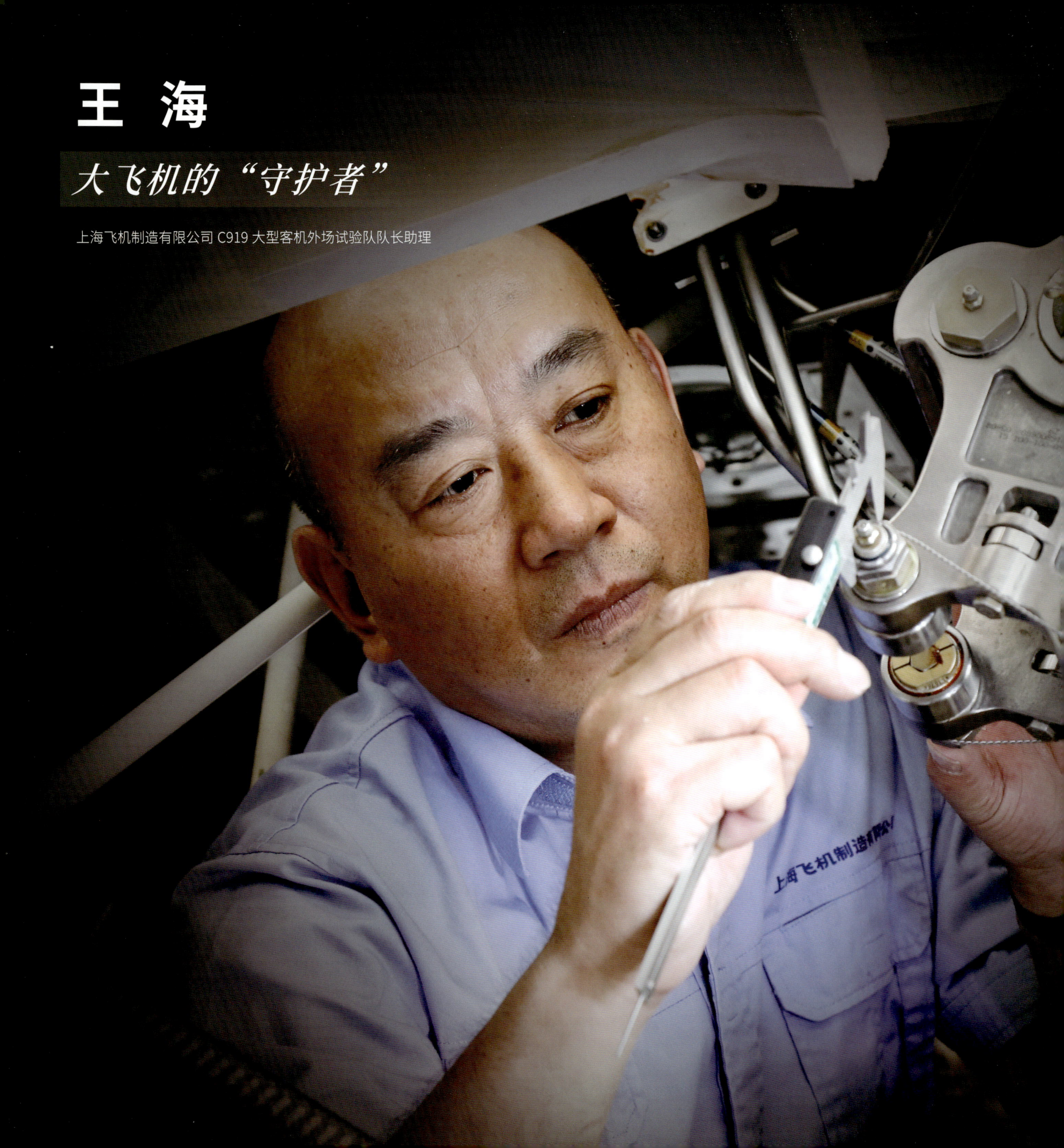

巍巍高山，灯塔恒立
辽阔苍穹，党徽闪光
把心血融入飞机
把智慧注入团队
那钣金工的九成功夫
挥舞在粗壮右臂的榔头上
他心中，造飞机的火苗从未灭过

生产经理

大飞机事业的追梦人

1986 年，王海从海军航空兵部队复员，选择了自己钟爱的民用航空制造行业，进入上海飞机制造厂。

一架飞机关系上百乘客的生命安危，飞机质量不是好与坏的问题，而是生与死的问题，容不得丝毫马虎。必须"严慎细实"，从入行那一天开始，他把"生命至上"的理念刻在心中，化为行动。在上世纪中美合作的麦道项目中，他就是中美双方质检员都信得过并免检的优秀装配工人。

大型商用飞机适航取证是我国航空制造领域的一项空白。自 2009 年赴西安阎良带队投入到 ARJ21—700 新支线飞机项目西安外场研发审定、试飞取证保障工作以来，阎良航空城成了他的第二个家。在试飞外场多少个日日夜夜的改装、保障、排故、攻关、大侧风试验、自然结冰试验、最小离地速度试验，每一个取证项目的完成，都是在与死神搏斗。王海和他的团队经受了考验，从零起步，走完了大型商用飞机试飞取证的全流程，填补了国内空白。如今，这些经验又用在了 C919 大型客机适航取证中，大家的信心更足了。

国产大飞机梦正在变为现实。王海，大飞机事业的追梦人，将继续奋斗在大飞机研制和试飞保障中，用忠诚和坚守绘就属于大飞机人们的精彩人生。

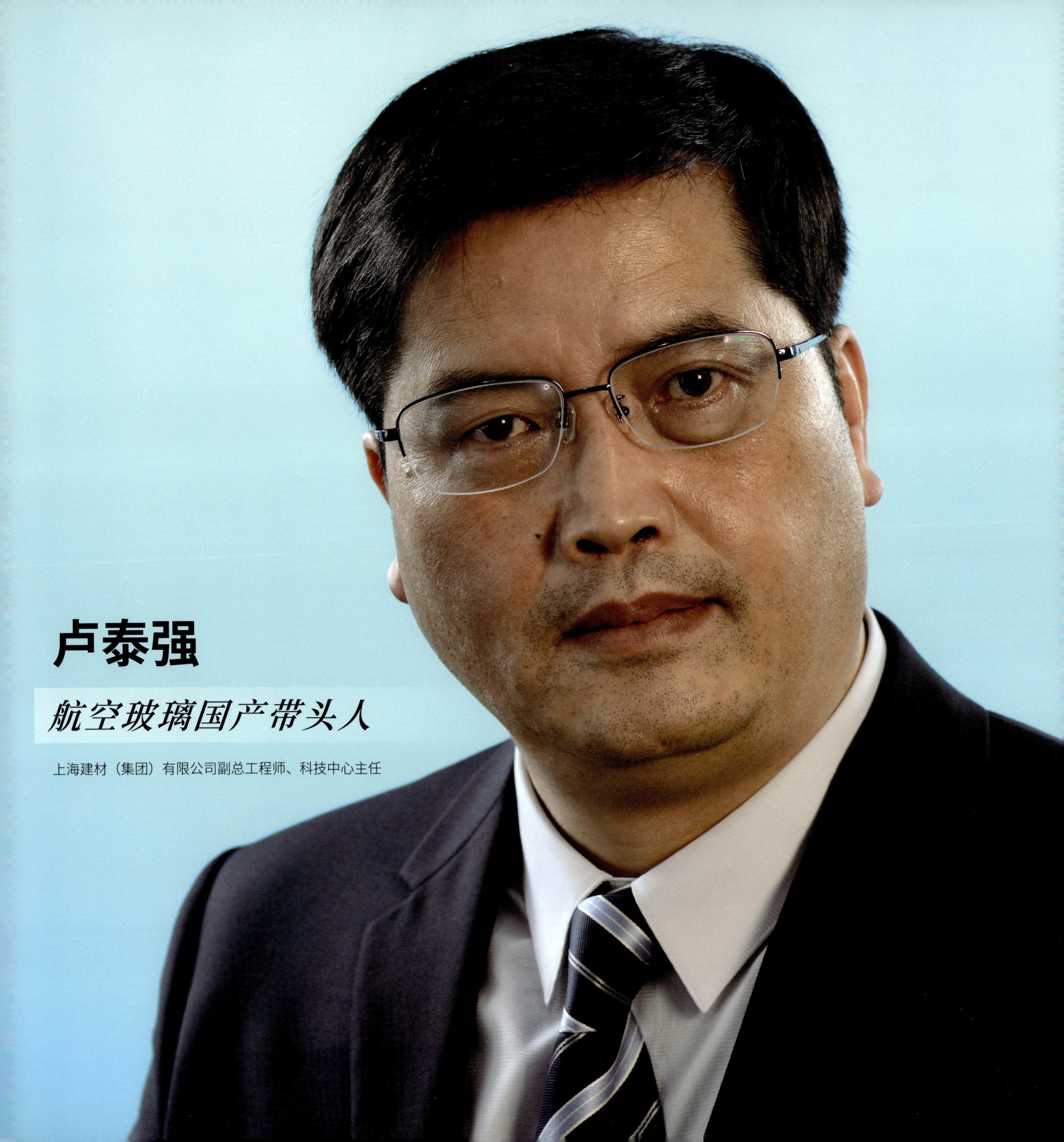

卢泰强

航空玻璃国产带头人

上海建材（集团）有限公司副总工程师、科技中心主任

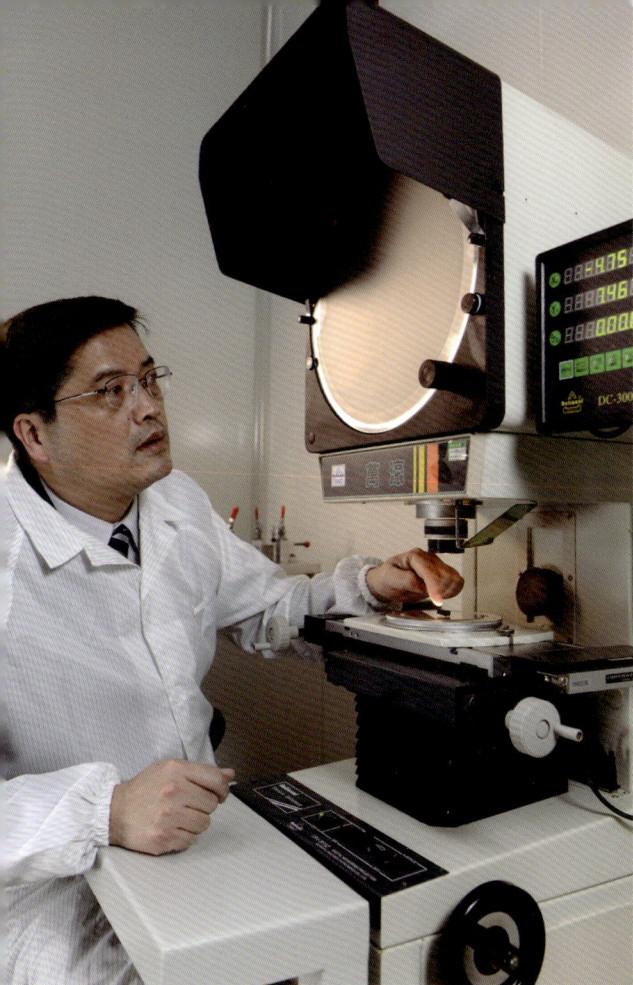

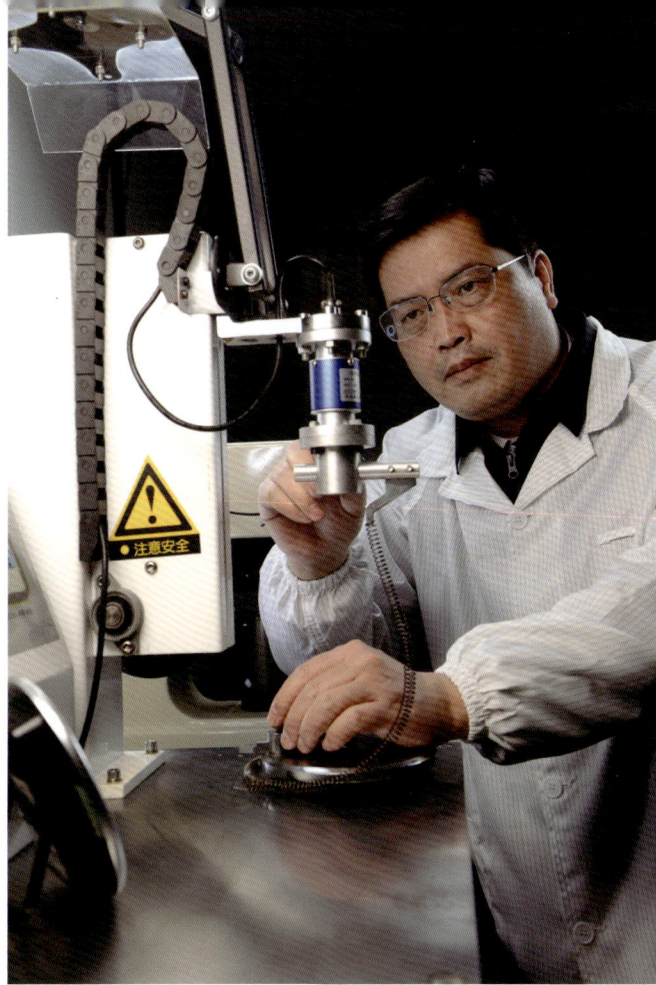

在前沿应用探索核心
促产业云端寻求突破
一次次的试验、一次次的成功
填补了国内航空风挡技术空白
再坚守，破壁垒
让翱翔于天际的人
看得更清，飞得更稳

我们也有航空风挡玻璃了

波音、空客等民航客机使用的航空风挡玻璃，堪称玻璃中的极品，产品性能与工艺装备极其苛刻，美英法三家企业长期垄断着技术和全球市场。2019 年 6 月，这一状况被彻底扭转，由卢泰强带领的耀皮技术团队，历经 2 年科技攻关，可以与国外同类产品媲美的玻璃原片在常熟耀皮基地成功量产，为国产大飞机上升为国家战略保驾护航。

民用航空风挡玻璃原片的国产化项目一路艰辛走来。面对门槛高、风险大、国外技术封锁、无经验借鉴的困境，卢泰强带领耀皮技术团队，应用行业最新科技成果，力促国产化项目上马，补上"卡脖子"的短板。

关键技术是买不来的，唯有自主创新。卢泰强与技术团队根据客户对产品性能的指标要求，运用"逆向开发"思路，开展大量级配试验的实验室试制，经过近百次的反复甄选，最终完成了产品的最佳配方。同时运用自主开发的虚拟规模化生产的仿真技术，将 19 项关键质量技术指标转化成一条生产线上成百上千个工艺控制点和关键参数。同时，还攻克了低铁铝硅特种玻璃多气泡、结石多、难溶化、不易澄清均化等多项技术难关，突破了极端工况的全氧燃烧及电助熔熔化关键技术，填补了国内空白，问鼎产业高端，得到院士同行的高度关注和认可。

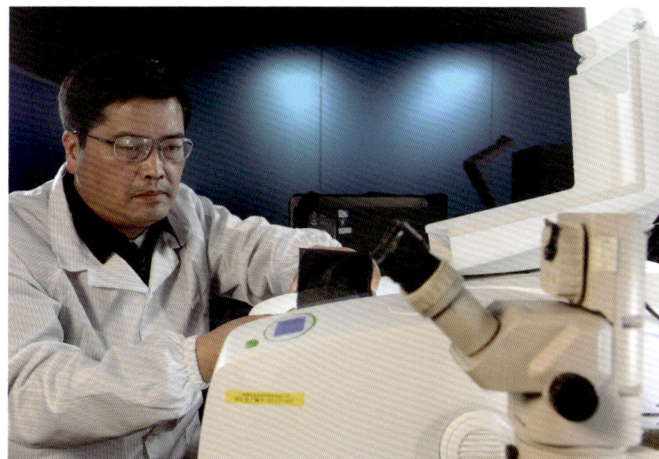

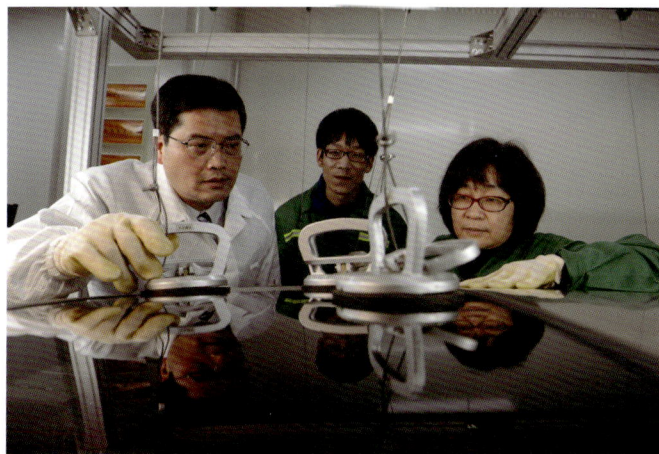

冯忠耀

化纤行业领军人

上海德福伦化纤有限公司总工程师

青涩年华，立志专研技术

精益求精，推动行业进步

35 年匠心坚守，成为纺织业首席质量官

数项科研突破，改革创新行业新活力

把奋斗的青春，献给上海创新发展的进程中

把美好的愿望，织进一根根青丝般的纤维中

他是中国纺织大工匠

一心扑在工艺改造上

自 1987 年投身化纤行业至今 35 年来，他从一名普通的技术工人慢慢成长为工艺工程师、生技部长、技术中心主任和总工程师兼生产中心部长，是化纤行业知名的领军人物。

公司初建时期，身为技术中心主任的冯忠耀，一个人担负着公司 3 条生产线工艺设计的重任。他总是频繁奔波在前后纺生产条线，当时正值夏天高温，车间温度直线飙升到摄氏 39 度。他不顾汗流浃背，不顾满身的油污，埋头进行工艺设计和改进。有时候一天下来，工装湿了又干，干了又湿，衣服上到处是白色的"盐花"。

6 个多月的艰辛努力没有白费。他和团队设计的公司生产工艺体系建立了，直到现在虽经几次改版，但它打下的基础仍然在发挥作用。

2016—2017 年，公司在建设国内首条年产 1 万吨差别化涤纶短纤维柔性生产线过程中，遇到了难以计数的困难和挑战。他作为项目攻关负责人，带领技术人员夜以继日地攻克一个个难关。一次试产增亮梦丽特产品，疵点含量总是超标，他来回奔波在车间和技术中心两个地方，一次次改进工艺，一次次试验检测，却依然找不到原因。天渐渐黑下来，公司班车司机按喇叭催促他赶紧上车回家，他却摆摆手示意，不用等他了。一个转身又去了现场查找原因，他一直忙碌到凌晨 1 点，终于把疵点超标的原因找到了。通过后续的工艺改进，达到了客户对产品质量的要求。

又经过一年的努力和不断改进，公司万吨柔性生产线走上了正常开车运转的轨道。

金国平

勇攀智造高峰的"钢铁侠"

宝山钢铁股份有限公司钢管条钢事业部电气设备技能大师

他是勇者，敢于突破自我
他是智者，专于挑战创新
他是能者，巧于攻克难关
从普通工人到科研专家
他勇攀高峰，不断超越
从精品产线守卫者，到智能工厂开拓者
他成为新时代钢铁智慧制造的中坚力量

一诺千金

两年前的一天，金国平在电炉操作室处理问题。操作工老孙来到他身边，轻声问道："金大师，听说您在连铸搞了不少智能化项目，啥时也来关心一下我们电炉，每次要靠人工去测温取样的滋味可不好受啊。"

金国平一听就明白了，老孙的岗位是炉前工，当班期间要手持10多公斤重的测温枪，在高温炼钢炉前重复20多次测温取样作业，不是搞得一脸灰，就是担心高温喷溅。

"放心吧，项目已经在策划，两年内我肯定给您找一个智能帮手。"金国平给老孙吃了颗定心丸。

说起来简单，做起来可不容易。因炉前施工温度高、工况差、空间小，国内目前没有成功的先例，几家厂商都纷纷表示风险太大，拒绝合作。几番辗转，一家欧洲企业成功被他说服，启动联合设计和合作制造。

从7月到9月的整个高温季，金国平一直坚守在现场。集团的劳模休养他没去，上海市的工匠休养他也没去，答应女儿的暑假旅游也泡汤了。9月更是关键的热试节点，为了解决一个又一个冒出来的问题，他已连续10多天没在家里吃过一顿饭，甚至中秋节，他都在和设计院的小陈、当班炉长老黄一起反复测试和记录机器人的测量点数据。

"一定要想办法增加取样器里钢水留置时间，今天讨论的5种方案，要逐个试验。"当做到第4个方案时，成功了。

大家相拥而庆，禁不住流出喜悦的泪水，老孙上来拉着金国平的手，连连说道："终于成功啦，谢谢您兑现了这个承诺！"

白清良

车间里的"发明大王"

上海北特科技股份有限公司工装自制部经理

全新一代倒角机研发成功了

在一个偶然的机会，白清良获知生产车间砂轮倒角工序效率低且粉尘严重。不甘于"现状"的白清良利用周末休息，边加工边安装，经过3个多月的努力，终于完成了第一台不仅能自动磨削，还解决了工人近距离操作安全的倒角机。

然而，还未细细品味成功的喜悦，企业就因生产效率不过关被亮了红灯。一下子没有了资金支持，但他并没有退缩，自掏腰包也要研制出合格的设备来。又是一个月的不断钻研，与第一台工作原理完全不同的倒角机图纸绘出了。没想到，在去加工厂的路上，瓢泼大雨将他淋了个透心凉。工厂老板被他的坚持打动了，"冲你这份执着，我们一定尽快把设备赶出来！"试验大获成功。原本人工操作10秒一件的倒角，现在只需1.7秒，粉尘问题也得到有效解决，公司一口气订制了3台，员工由原来的2班12人降为4人。

随着企业发展和技术升级，第一代倒角机已不能满足生产需要。2018年，白清良再次披挂上阵，对第一代倒角机升级改造，在深入调研企业和客户需求基础上，制定了可行的方案和倒角机升级计划。他和团队连续几个月夜以继日加班奋战，从每个零部件的加工工艺到整台设备的安装设计方案，在调试中改了无数次，白清良每次都一一过目操作，赶在项目节点前一周，全新一代倒角机终于研发成功。

全新一代倒角机全自动编程操控，一举实现了下料、倒角、检测、分封、封装全自动化。目前已配套12台倒角机，仅此一项，每年可为企业降低成本超过百万元。

他像一粒平凡的石子
用自己的力量改变命运
凭着"干一行爱一行钻一行"的执着
从零起点到拥有8项发明专利
他用20多年的艰辛和汗水
实践着"幸福是奋斗出来的"这一箴言

孙 刚

汽车新材的发明者

上海金发科技发展有限公司基础研究技术经理

十年磨一剑的积淀

从一个行业新人成长为行业技术专家

不断攻克技术难关

践行铸造"大国新材"的初心

一项项国际先进水平的新技术

占据汽车新材料制高点

这种精神让我们感动

赞的就是你这样的行业领跑者

汽车新材料的领军人物

作为名副其实的汽车大国，每年需要数量巨大的汽车高分子材料。该材料的高端市场主要被国际巨头巴塞尔等公司垄断。

抢占汽车高分子材料的技术制高点成为中国材料科技工作者肩负的历史使命。

身为一名汽车新材料工程师、公司科研团队带头人，刘刚发誓要打破国际巨头在汽车新材料领域的垄断地位。

孙刚从研发、生产、品质、颜色等关键岗位中，抽调了一批技术骨干，成立了"孙刚车用聚烯烃材料专家工作室"，其中党员 18 名。遇到核心攻关项目，他始终以党员为骨干，依据各位专长组建攻关小组。其中，核心项目"尖刀班"发挥了重要作用。

2015 年，上海大众率先提高了仪表板材料的标准，要求亚利桑那整车暴晒 2 年，汽车仪表板不能出现老化失效现象，更不能出现塑料添加剂导致的析出发黏现象。这个苛刻的标准当时只有国际巨头巴塞尔能达到。

这项核心技术不攻克，便意味着公司后续无法拿到大众的材料订单。任务交到孙刚手里，他第一时间组织相关岗位党员骨干技术攻关。在不到 2 个月的时间里，他翻阅了 200 多篇文献、10 多本专著，带领团队在实验室 10 多次模拟，获得了核心技术，打破了巴塞尔的垄断地位。

2019 年，金发科技车用材料模块实现了 50 万吨销量，占全国车用材市场份额的 25%，在车用高分子材料行业中处于领军地位。

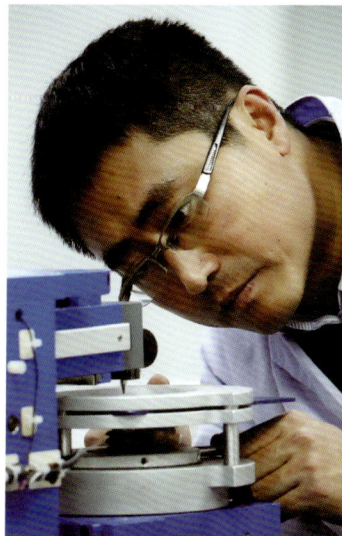

仇　杰

“汽车强国梦”的践行者

上海汽车集团股份有限公司乘用车分公司技术中心副总工程师

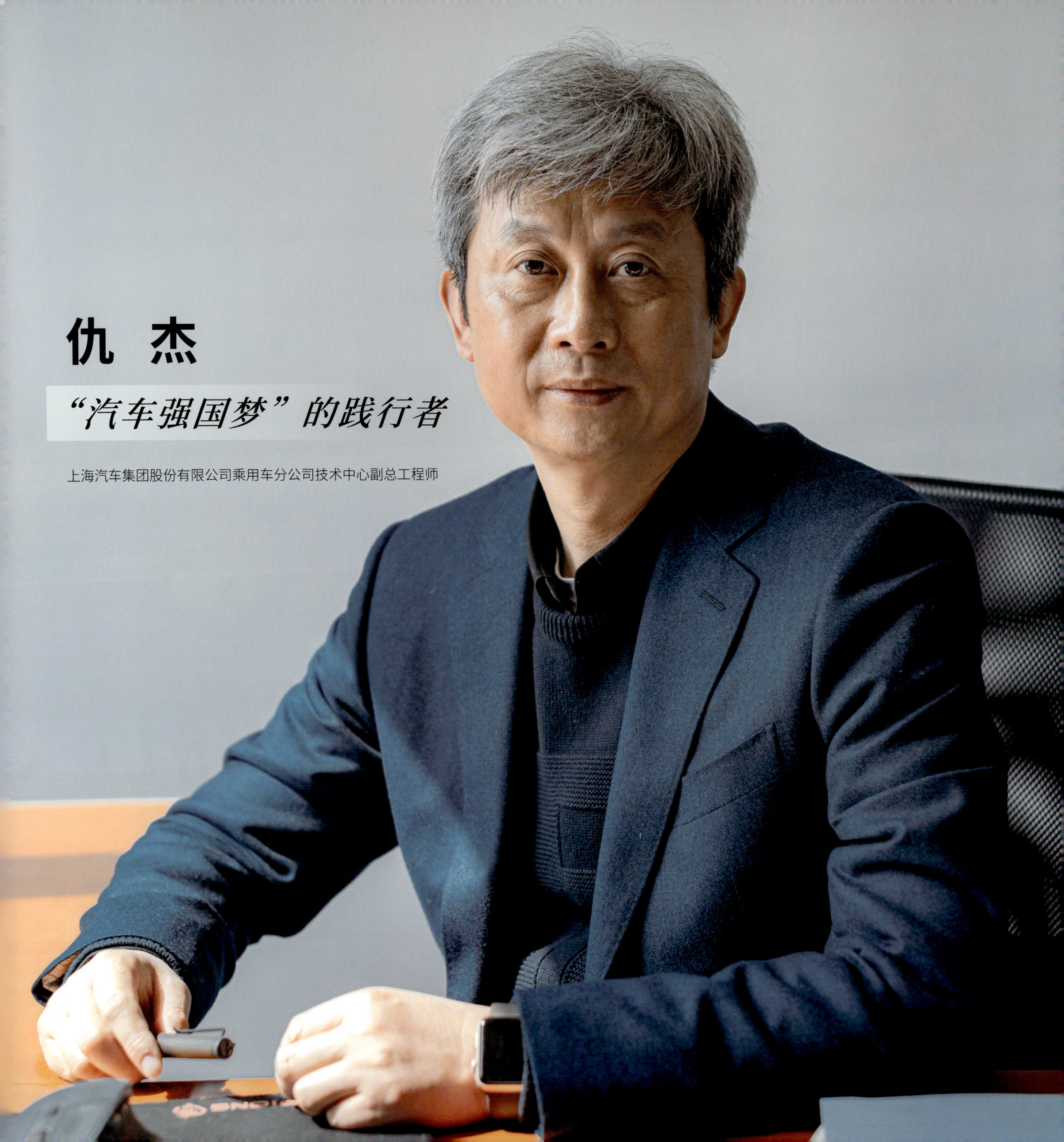

他，是一名"老兵"

二十余载深耕，见证了上海汽车的发展

他，又是一名"新将"

投入"芯动"战略，"玩"出技术灵感

以自主品牌的名义，吹响中国汽车的集结号

重装上阵，给梦想加上翅膀

加速创新，飞跃世界的平台

上汽自主品牌动力"源"

2017年11月，上汽正处于建立自主品牌TCU软件开发能力的关键阶段，仇杰在体检中查出患有脾动脉血管瘤，必须住院立即做手术。心系工作的他，干脆把电脑搬到了病房，趁着手术开刀前再多写一些算法存入文档。手术结束后，医生千叮咛万嘱咐，要安心静养，好好恢复。但到了第三天，他再也坐不住了，还未全愈就急着出院。在家休养时，他心里牵挂的还是工作。忍着手术后的疼痛，编写控制算法，分析软件架构，梳理开发现状、关键点和风险点，制定项目后续的开发计划等等，一刻都停不下来。这期间，他还多次与项目团队召开电话会议，进行问题评审和讨论。大家都劝他休息，他总是带着微笑用"项目紧，时间不等人"回应大家的关切。

在家仅仅调养休息了一周，这位致力于打破国外技术垄断，一心要尽快建立自主品牌开发能力的领头人，就又迫不及待地回到了自己的岗位。2018年1月中旬，正是自主开发CVT变速箱80%节点发布的重要阶段，仇杰身体还处于术后恢复期，为了优化开发性能，他拖着虚弱的身体，毅然和团队一起，赶赴黑龙江黑河试车场，共同开展低温测试及技术评审，还亲自驱车近1000公里，一天内从黑龙江黑河赶到内蒙古海拉尔，验证车辆长途性能，陪团队一起度过了最寒冷最艰难的时刻。

"带团队，做项目，领导者一定要带头冲向最苦最难的地方！"仇杰始终以这个标准要求自己。正是这位令人尊敬的好领导引领着"后浪"们，在实现上汽人的"汽车强国梦"中不断前行。

张生春

汽车模具的“主刀医生”

上海赛科利汽车模具技术应用有限公司调试车间高级副经理

零容忍，无缺陷
是他工作的标准
严丝合缝，是产品的交付标准
独创"张氏蹭光法"
推动支柱产业新四化发展
精湛技艺征战海外
扬中国制造之魅力

一张中国制造的名片

肩负着企业的重托，2018年1月8日12点10分，张生春带领10名员工搭乘从上海浦东飞往美国旧金山的UA858航班，首次去国际车企豪门美国特斯拉工厂进行大型汽车外覆盖件模具调试交付。

没想到，还没进入调试，就碰上了硬钉子。特斯拉ModelY车型后盖外板是一个复杂程度很高的独特产品，一般情况下，200毫米以上深度就不好拉成型，特斯拉的拉延深度达310毫米，而且像刀削的悬崖峭壁一样。这是张生春从事模具行业30多年来接触到的难度最高的产品。

如果这个棘手难题不解决，势必成为客户整车生产的瓶颈。

在张生春面前，没有攻克不下的堡垒。张生春与团队成员沟通后，给出了一个全新解决方案。通过画草图，手舞足蹈地演示，将方案成功"推销"给客户。接着，张生春又碰到了第二个难题，该项调试工作量大，国外没有任何加工设备支持，团队成员以往也从未做过这样的尝试。

任何事都是闯出来的，张生春开始制定具体操作方案。凭着他是与模具无数次打交道的"老手"，硬是靠手中舞动的砂轮机修复完成以往只有数控加工才能完成的任务。第一个制件出来了，仍有瑕疵。张生春带领团队一鼓作气，直到打到第九个皱全部消失为止。张生春仍不满意自己的"作品"，他要向国外合作伙伴展示出赛科利模具制作的最高水准，又经过两轮的更改、优化，才将完美的产品交给客户。特斯拉团队赞叹地说："NO.1。"

赵黎明

焊接匠人

上海锅炉厂有限公司电焊工

不是特种兵
手臂上却疤痕累累
不在蜀绣坊
却常年埋头于钢板间"绣"出朵朵焊花
在没有聚光灯的"舞台"上
他用焊接的弧光照亮自己前进的方向
一具面罩、一把焊枪、一副手套、一身工装
他用实干诠释中国工人的责任与担当

他在"钢管上绣花"

2017 年 1 月，上锅公司承接了卡塔尔壳牌制造项目，作为国内唯一的一家供应商，该项目对提升上锅的综合制造能力、开拓国际气化炉市场具有重大意义。该产品制造难度大，气化炉内件盘管长达 10 米，重 19.6 吨，评定和焊工资质按照欧盟 EN 和美国 ASME 标准执行，尤其是焊缝要求 RT 拍片达到 100%，内壁焊接渗透余高不得超过 1 毫米，攻克这一技术难点尚属公司首次。

壳牌公司外方监理要求车间焊工控制焊缝表面成型，还要用测厚仪测量焊缝背面的渗透厚度是否超标。焊接难度堪比在"钢管上锈花"，成为制造过程中最大的瓶颈。

车间领导把赵黎明叫到办公室，说："老赵，这次国外产品要求高，生产周期紧，必须尽快攻克焊接难题。" 作为焊接带头人，赵黎明知道，这个时候不站出来发挥作用，还要自己干什么！他先模拟产品，在试件上焊接试验。几天下来，虽离要求越来越近，但还是没有达到预期目标。赵黎明吃饭、睡觉都在想。灵感往往来自于一刹那："能不能用仰焊来保证焊缝要求"试焊后想要的结果终于出现了！赵黎明采用"镜面焊接法""左右手焊接操作法""间断焊接法"等多种焊接方法，严格控制熔池温度，无论是直管焊接、异径管焊接、连接管焊接，焊缝反面余高均始终控制在 1 毫米以内。1500 只大口径焊口，一次合格率达到了 99.63% 的良好业绩，产品提前两个月完成了任务，产品质量得到外方高度认可。

刘 霞

焊接女将

上海电气电站设备有限公司上海汽轮机厂技术发展处和工艺处副处长

巾帼不让须眉，怀揣矢志报国志向
她以柔克刚，勇挑重担
一步步攻克尖端焊接转子技术难关
她用智慧的双手，一点点打破焊接转子技术壁垒
她用光焰四射的焊花绽放人生绚烂
用强"焊"人生建功新时代

钢铁裁缝师

这是一个激动人心的时刻，2018年9月28日，"华龙一号"焊接转子作为向新中国69周年献礼产品运往北京。此时此刻，刘霞心情格外激动。

在国外封锁焊接转子核心技术的情况下，刘霞承接了我国自主研发的"华龙号"百万核电汽轮机低压焊接转子的技术研发攻关项目。核电低压转子的焊接在国内尚无先例，相关工艺一片空白，没有任何经验可资借鉴。

与其他设备的焊接工艺相比，焊接转子由两种不同的钢材焊接而成。两种不同的钢材，物理化学性能、耐温性能、热处理方法均有不同，焊接难度极高，有点像"拉郎配"，即使是最高级的"钢铁裁缝师"也勉为其难。

由于国际上个别有能力焊接的公司封锁技术，使难题更是难上加难。关键时刻，刘霞和她的团队毅然接受挑战，大胆摸索。

焊接试验在酷暑8月进行，刘霞每天穿着厚厚的长袖焊接服，对着预热达到200度高温的工件，一次次地实验，身上汗水止不住地往下淌，也全然不顾。直到有一天，刘霞认为各项参数和指标等都符合要求了，可进行试制了，结果出人意料地"焊砸"了。眼看价值好几百万元的50多吨异种钢转子面临报废，刘霞的脑海一片空白。她一遍遍地问自己：还要继续做下去吗？

第二天，厂领导那句"要怪就怪厂里没有给你们更多的时间去失败"，给了刘霞团队极大的鼓舞。

在接下来的半年时间里，刘霞和她的团队对面临报废的异种钢锻件做了70多次模拟件试验，终于找到了适合异种钢转子的焊接材料、工艺参数和热处理规范。

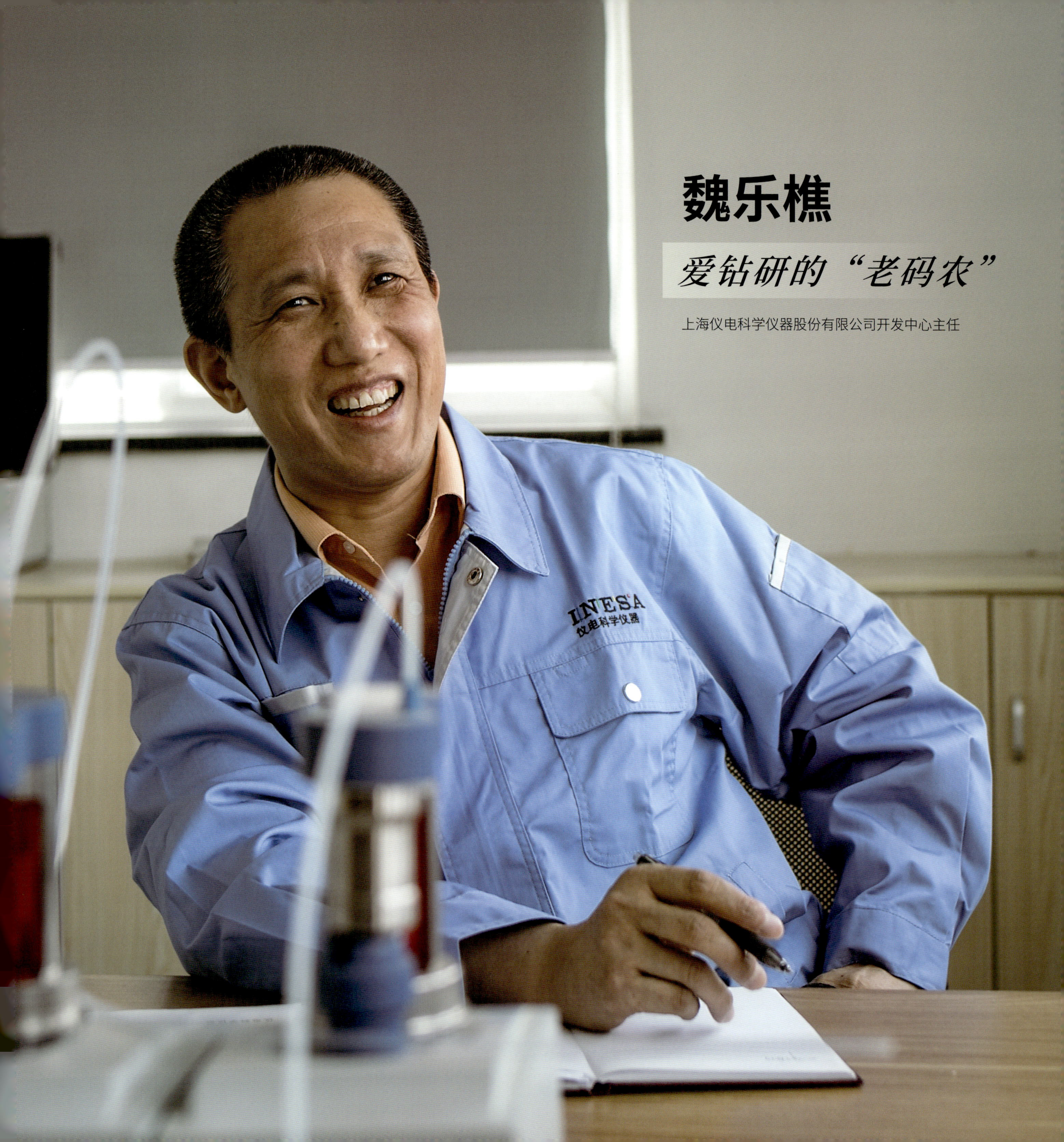

魏乐樵

爱钻研的“老码农”

上海仪电科学仪器股份有限公司开发中心主任

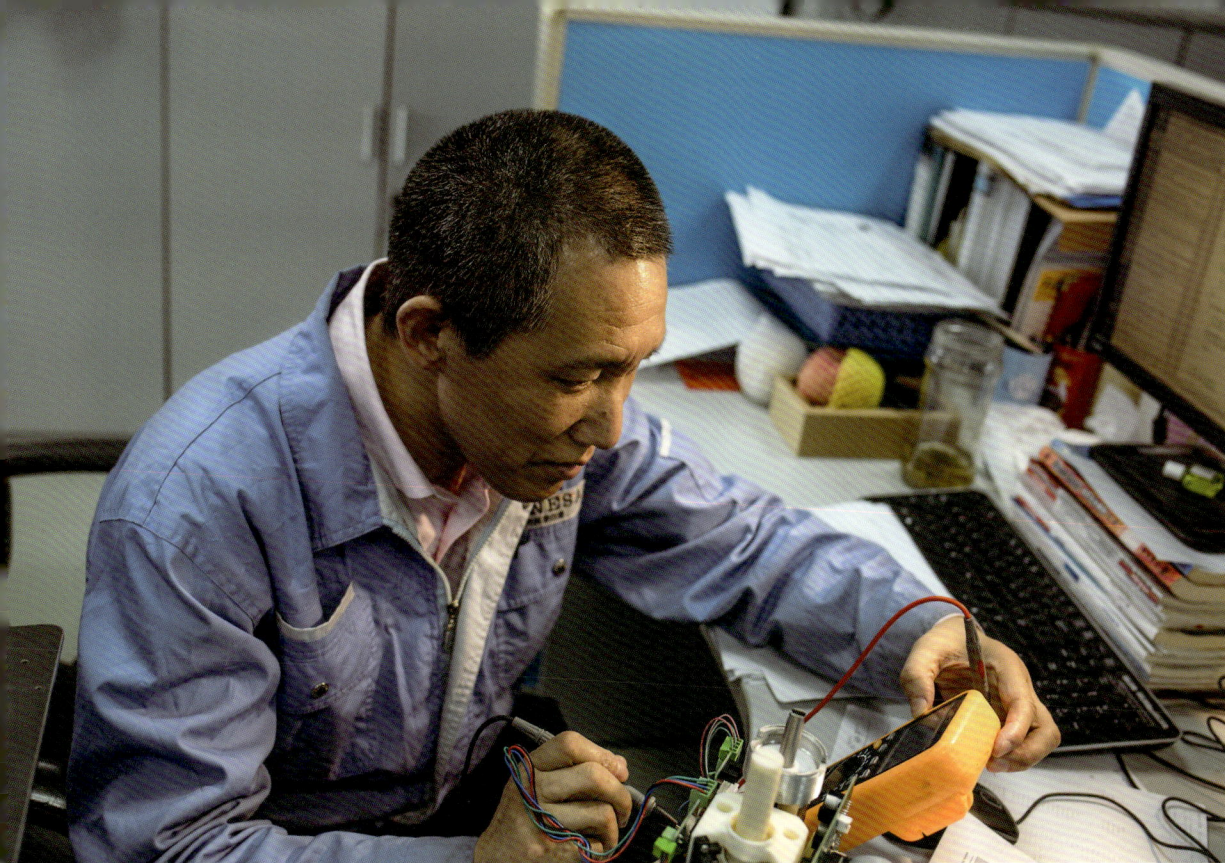

立足岗位，科研创新
独创品牌，致力发展
为开发中国好仪器呕心沥血
他说，每个人都完成小梦想
一定会托起仪电事业的大梦想

爱钻研的"老码农"

上海仪电科学仪器股份有限公司开发中心主任魏乐樵，1991 年大学毕业后，一直从事电化学仪器嵌入式软件开发，是个标准的"老码农"。

他是"急性子"，为保证新品及时上市，他废寝忘食，一心扑在工作上。一套复杂的仪器，有许多元器件组成，组件之间误差、机械安装公差、化学模型偏差，都离不开用计算机技术校正，软件开发工作量之大可想而知。他每次总能快速及时地完成各项设计任务，同事们亲切地称他为"快枪手"。

早在上世纪 90 年代初，他就用最原始的计算机语言编写程序，设计成功了第一台中文版离子计。进入互联网时代，他又和团队一起，先后研发了 pH 计、离子计、电导率仪、溶解氧测定仪、滴定仪、比色计、COD 测定仪、水分测定仪等产品。这些产品占企业销售收入的 2/3，占实现利润的 70% 以上。

虽然为电化学仪器事业献出了最宝贵的青春年华，但他却说："我失去的少，得到的更多。"为电化学仪器事业不懈耕耘，无怨无悔，这就是魏乐樵的承诺和写照。

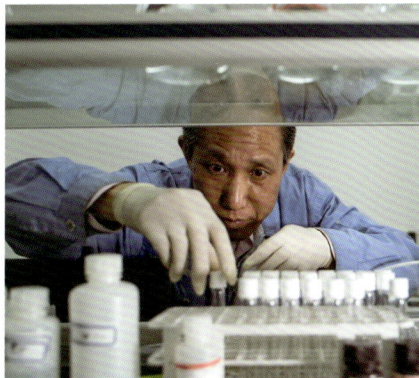

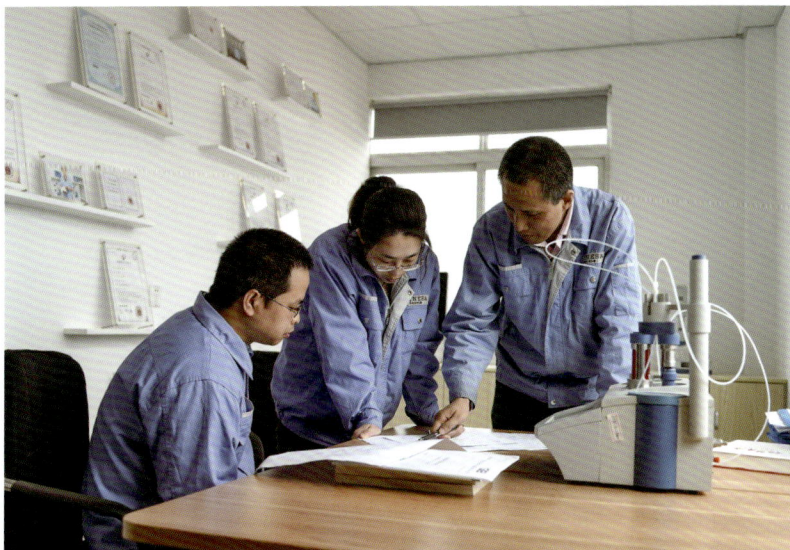

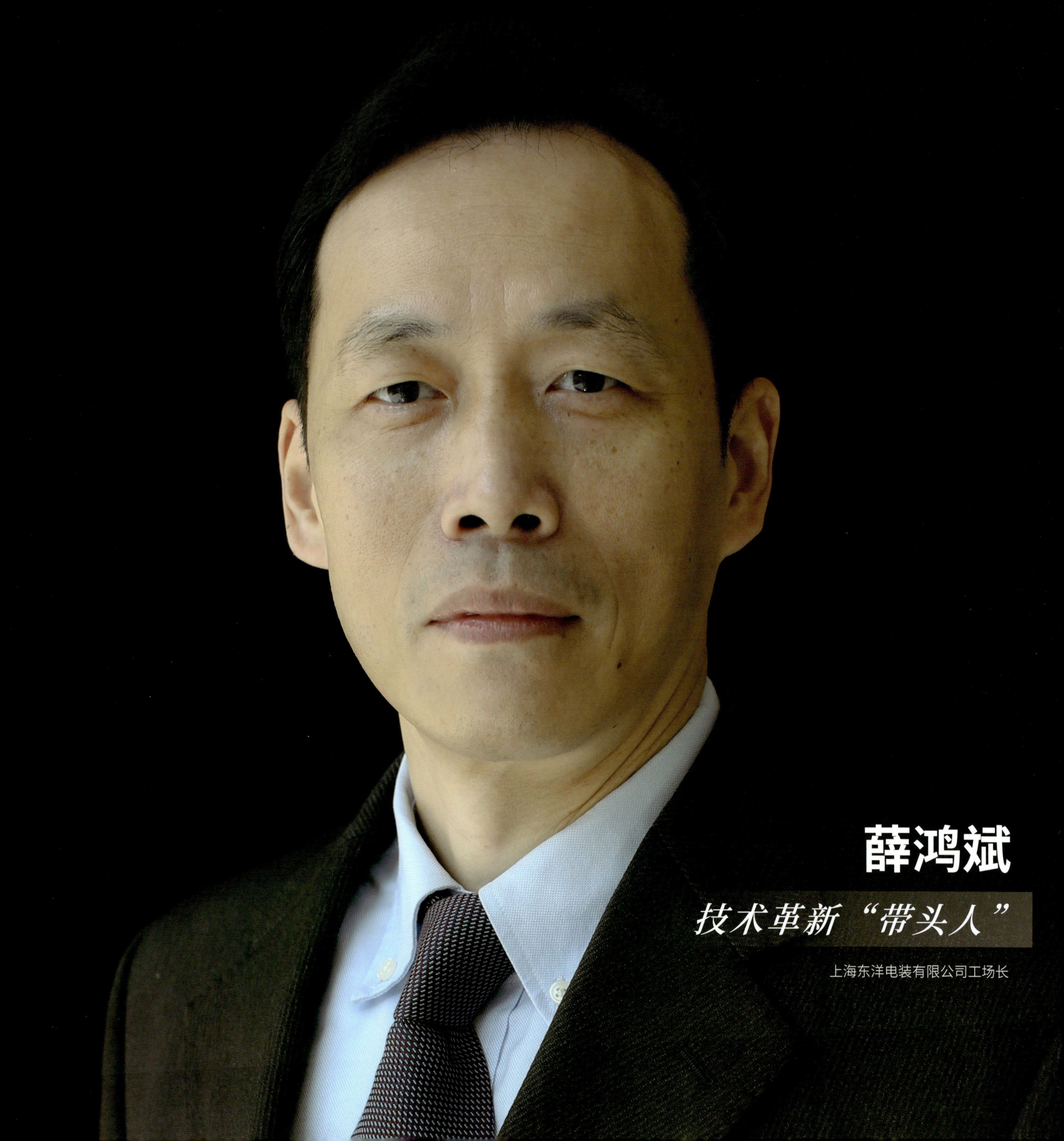

薛鸿斌

技术革新“带头人”

上海东洋电装有限公司工场长

他坚韧不拔，数十年如一日的坚持
建多条生产线，使产品实现国产化转换
他一丝不苟，恪守严格的工作标准
紧随工艺潮流，用技术贡献创造经济效益
当得好生产现场的一把手
做得好企业与工人之间的桥梁和纽带
他的人格魅力，赢得了众人的赞誉

公司里的大忙人

薛鸿斌是公司里的大忙人。他一肩挑着工场长的本职工作，另一肩则挑着工会主席的兼职工作。

薛鸿斌擅长工艺安排、人员管理及制造质量体系的建立。在他担任制造课长、制造部长期间，先后主持建立数十条新产品生产线，完成了一系列产品的国产化转换，使汽车产品的国产化率提高到 70% 以上，目前系列产品的年产值已超过 12 亿元以上。

"创意和创新"是技术和工艺领域永恒的源动力。薛鸿斌劳模创新工作室带领团队，积极投入乘用车开关生产制造工艺的革新和新技术的应用。他推动的技术革新极大降低了误判漏判，提高了生产率，降低了次品率，让公司走出了一条紧随国际汽车生产工艺潮流、适应中国实际、符合自身发展需求的技术革新之路。工作室成立 2 年多，已累计实现产品生命周期内的经济效益达 1200 多万元。

都说外企工会主席难当，他兼职工会主席却依然做得有声有色，用他自己的话来说，就是"努力让自己成为企业与工人之间的桥梁和纽带"。

1995 年前，他牵头率先实行集体协商制度。出工会出面，组织员工代表与企业公开协商工资标准，由企业董事长和工会主席共同签字生效，赢得双方满意。他所在的企业成为上海市非公企业首批进行集体工资平等协商和签订集体合同的试点企业。他推进的女职工专项合同、班组安全生产集体奖励、工会信箱、劳动争议调解信箱等，也都得到市总工会和区总工会的充分肯定。

多年来，他用自己的努力和付出，在企业与职工之间架起了一座连心桥，不仅得到资方认可，也赢得了职工的信任。

葛均波

生命"绿色通道"的守护者

复旦大学附属中山医院心内科主任

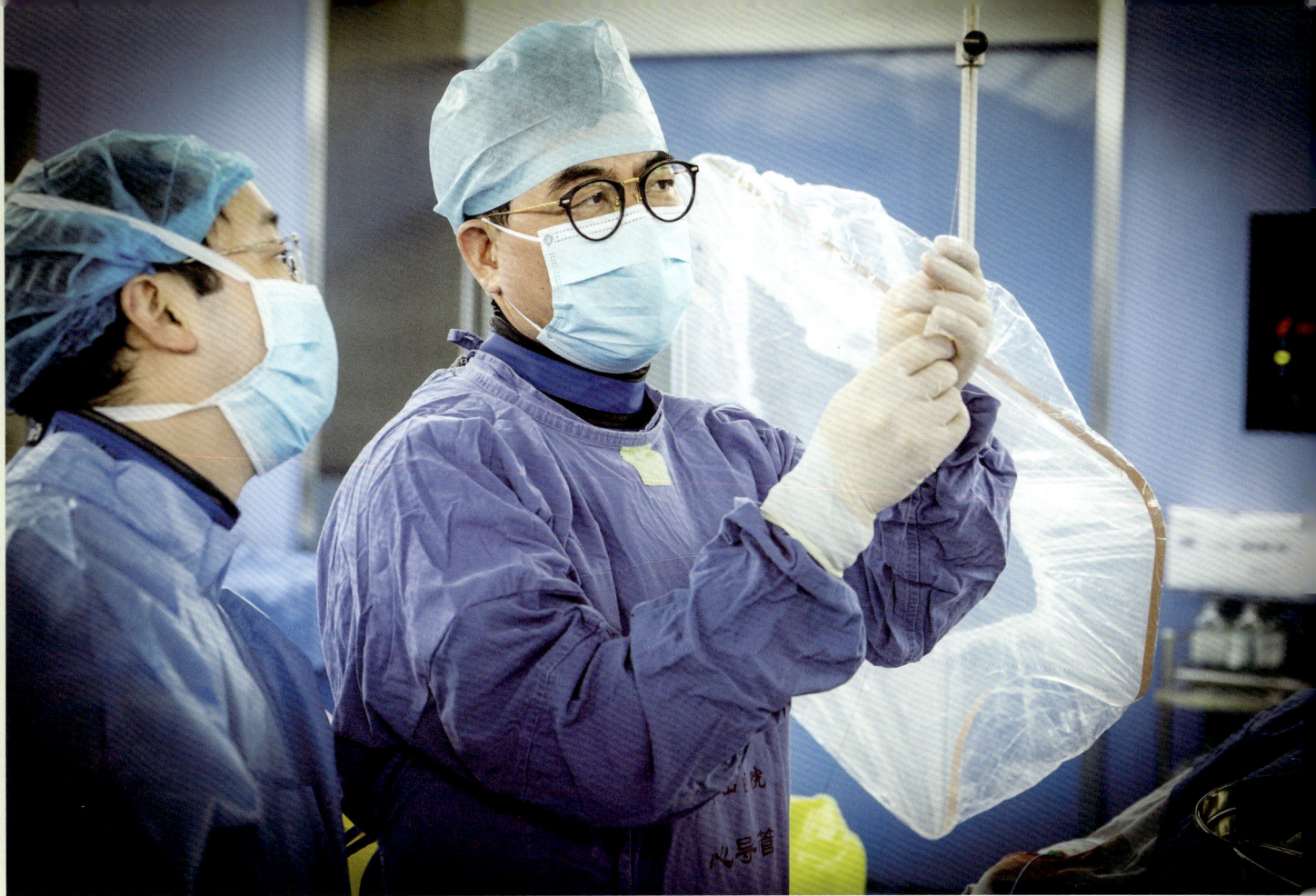

国之名医，德术并举
拳拳赤子，以心换心
他是业界楷模，更是患者的幸运
那么多的"第一""首次"
推动国内心血管医疗器械自主创新
打通生命"绿色通道"
奉献国家，造福于民

为"心"而来

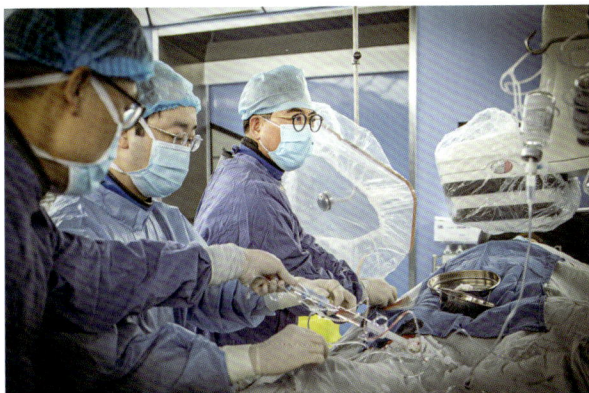

目前最常见冠心病的主要治疗手段之一是安装药物支架，一个进口支架费用要 4 万多元，由于采用非降解材料涂层，植入后涂层老化，易导致晚期血栓和心肌梗死。如何攻克这个难题？

葛均波迎难而上，全身心投入到药物涂层技术的革新中，在经历了无数次挫折和失败后，最终研发出具有自主知识产权的"可降解"新型支架，不仅减少了支架血栓的发生率，而且每年还为患者和国家省下了十多亿元医疗费用。

急性心肌梗死抢救必须快速开通闭塞血管，在葛均波的倡议和组织下，中山医院在华东地区建立了第一条用于急性心肌梗死抢救的快速反应"绿色通道"。无论是深夜凌晨，还是酷暑寒冬，抢救电话就是争夺生命的战斗号令，葛均波都会第一时间赶到医院手术台边。

20 年来，他的团队已救治急性心肌梗死患者逾万名，成功率 96% 以上，被患者称为救"心"人！

高强度的科研和手术压力使他长期遭受椎间盘突出的病痛折磨，曾先后两次接受外科手术。医生强制他卧床休息，但是他放心不下病人，他让同事将他的病床推到导管室指导手术。在进行高难度手术时，他不顾医生的劝告，站立起来，绑着腰托将手术完成。在一次心脏介入手术过程中，因高度紧张和疲劳，他的手两度抽筋剧痛，仍坚持手术，让人难忘。

2020 年新冠疫情爆发，他两次主动报名参加赴鄂医疗队，组织团队迅速研发基于数字 PCR 技术平台的新型冠状病毒核酸定量检测试盒，还主持制定疫情防控期间心血管疾病的诊疗预防流程，并在线上宣讲解读，带头组织中山医院 130 多名心内科医生远程免费问诊。他说："在战役中，没有旁观者！"

葛均波，让无数人感动，在生命的"绿色通道"上，站立着一位为"心"而来到这个世界上的人，他是一位真正的医生。

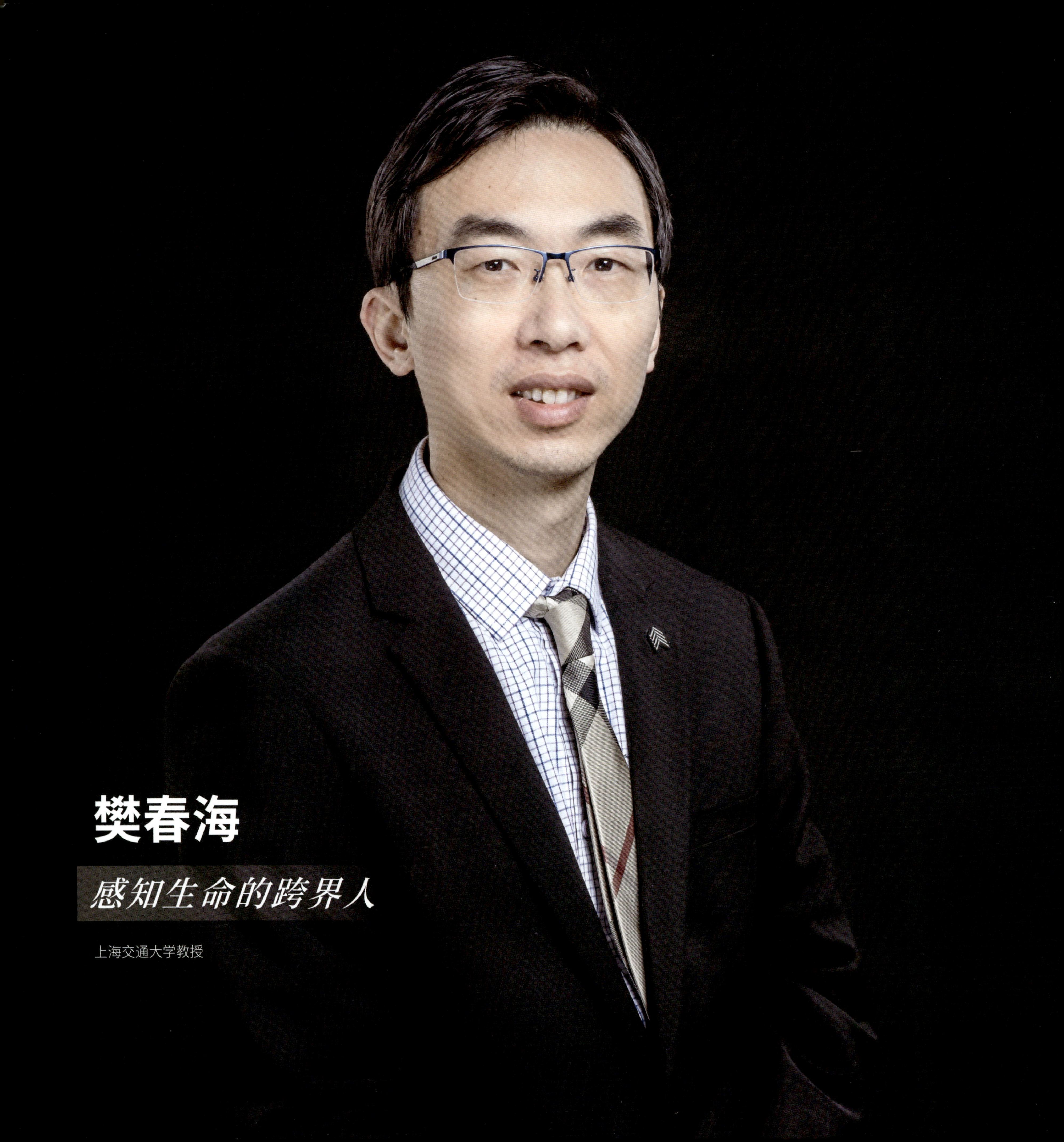

樊春海

感知生命的跨界人

上海交通大学教授

他是年轻的中国科学院院士
从茫然到兴趣，开启一生的事业
操控DNA分子构筑纳米世界
探索生化科学护航健康生命
徜徉在知识的海洋
追索在未知的领域
满载荣誉，学识满腹
他是"感知生命"的跨界人

"X院士"

在上海交通大学转化医学研究院中国科学院院士樊春海不足6平方米的办公室里，除了一张最普通的转角办公桌、一把硬椅、一面书柜外，再无其他设施。最显眼的就是书柜上的一抹红色——去年获得的"谈家桢生命科学创新奖"证书，这是中国在该学术领域的重要奖项。

"樊老师对生活上的物质条件几乎没有什么要求，他的精力都集中在科研和教学上，平时时间安排可以精确到分钟。有时凌晨就要去赶飞机出差，最多时一天要飞三个地方。"在身边工作人员的眼中，樊春海工作起来，似乎永远有用不完的干劲和热情。

从基础研究到医学的临床应用，中间有着　道鸿沟。近年来，樊春海一直致力于核酸相关的交叉研究，他不断在国际学术界发声，以化学、生物、物理等多学科交融的方式推进创新，并努力拓展临床的转化与应用。樊春海也因此被称为"x院士"。经过多年的研究积累，樊春海在DNA分子机器、DNA存储与计算、活细胞成像等方面取得了诸多成果。

2018年，樊春海加盟上海交通大学，又投入了"DNA巡航机器人"的研究。目前，这个"机器人"已经可以在体外把癌细胞抓住，但要让它进到人体血管里把癌细胞或者病菌抓住，还面临着很大的挑战。樊春海说，他们正在朝着这个方向继续努力。

从宏观到微观，人类对生命的感知漫长而细腻。樊春海常说，"在数十年的科研征途中，是好奇心、责任心和初心，引领着自己在科学道路上不断攀登高峰。"

王渊峰

耕耘"芯"田的愚公

上海兆芯集成电路有限公司副总工程师

手执 GPU 第一棒

胸怀一颗中国"芯"

在他这里，没有差不多，只有100%

在他心里，匠艺持以恒，初心从未改

皓首经年，苦心孤诣

躬执耕稿，乐道敬业

十八年打磨一颗颗闪烁着中国智慧的 GPU

燃起中国"芯"希望

这场接力，才刚开始

我国电脑芯片研制有了话语权

2015 年，王渊峰在 GPU 的图形研究上虽有小成，但离 GPU 的另一壁江山"通用计算部分"，仍然需继续努力攀登。

由于培养一个 GPU 设计者的成本太高，国外一些做 GPU 的大公司纷纷聘请猎头，用钱和股份对公司上海总部的 GPU 设计师进行围猎，并开出了 7 年以上、工资翻若干倍、工作签证转绿卡等优厚待遇。在许多同事都选择离去之后，王渊峰不为所动，仍坚守在自己的工作岗位上。

为了早日实现将"通用计算部分"从即将离开公司的同事那里学到手，王渊峰愿意花 1 万美元作为拜师的学费。还有一个月就要去美国的同事被他的执着追求所感动，一口答应了。当时，这位同事只有一个小小的要求：坚持要他去机场送行。至于学费就不全收了。正是有了这个基础，才为王渊峰继续研制我国电脑芯片打下了更加扎实的功底。

王渊峰清楚地知道，用于电脑图形显示的芯片研制，其核心算法复杂度为 4，这在国外早有定论。他在芯片项目攻关中，瞄准这一目标不放，下决心研制出属于我们自己的核心算法。

王渊峰不甘于现状，脑海里始终在盘算着如何突破。世界上理论极限 3.6 的数据告诉他，仍有突破的希望！

经过反复研究，大胆探索，王渊峰一举突破了核心算法，在工程施工中只能是 4 的整数关，以 3.7 的极限度走在了世界前列，并获得专利权，使我国电脑芯片在隐形方面的性能大大优于国外同类产品，在我国计算机工业的发展中发挥了积极作用。

任敏华

真"芯"英雄

中国电子科技集团公司第三十二研究所副
总工程师、研究室主任

创"芯"国之重器，践行科技强国梦

他带领团队研制了近40种国防用途的专用芯片

上至宇宙，下至深海

为"海陆空天"提供"最强大脑"

有些大胆，有些执拗

但执拗背后，是他们反复验证形成的海量数据

以及多年长跑积累的预判经验

用行动践行着科技强国梦

2000年，任敏华硕士毕业后怀着"科技报国，科技强国"的信念投身国防军工事业，一干就是20年。从最初的数字类计算机芯片到模电设计，他不断摸索，在打造"中国芯"的道路上，他和他的团队一次次跌倒，又一次次爬起，虽然一些低端的模拟电路产品逐步问世了，但性能上与国外产品还是有很大差距。PHY技术长期得不到解决，核心技术难关无法突破。

2016年，他有幸参加了比利时鲁汶大学的脱产培训。他把困扰多年的技术问题一一归类，虚心请教。回国后，他全身心投入到研发工作中。面对技术难度高，研发周期长，资金投入高，核心骨干被挖走等诸多问题，他顶着压力，潜心钻研核心技术，开发关键产品，最终成功实现了以太网PHY的国产化设计，走出了一条自主创新之路。

如今，PHY系列产品投入市场后供不应求，填补了国防工业国产化芯片的空白，成为国产化替代的畅销产品，覆盖军民用户百余家。

近年来，芯片行业处于风口浪尖，任敏华非常注重高素质创新人才的培养。2018年他创建了"任敏华集成电路设计劳模工作室"，吸引着一批青年科研骨干及海归精英加入其中。在他的带领下，每周开展技术沙龙、知识分享。"只要我懂的，我都会毫无保留地讲给他们听。"

他常常对身边年轻人说："和平年代，需要我们用头脑和知识来保卫国家！"他就是这样用行动践行着科技强国梦。

田 禾

上海科技功臣

华东理工大学教授

CHINA-JAPAN JOINT SYMPO
AND PHOTOCONDUCTION
IN ORGANIC SOLIDS AND RELA

OCTOBER 20-23, 2019 / SHANGHAI

HOSTED BY:
中国科学院化学研究所
INSTITUTE OF CHEMISTRY,
CHINESE ACADEMY OF SCIENCES

ORGANIZED BY:
华东理工大学
EAST CHINA UNIVER
结构可控先进功能材
KEY LABORATORY
费林加诺贝尔奖科
FERINGA NOBEL P

从传统染料到分子机器

他以敏锐视野勇闯科学前沿

挑战"非共识研究"

与诺奖得主并肩创新

用严谨的数据完成了

从基础研究到应用的"最后一公里"

秉持科技强国初心

立科研尖端，树一流目标

全力建设一流国际合作平台

向分子机器应用进军

2016 年，3 位外国科学家因"在分子机器的设计和合成方面的贡献"获得了诺贝尔化学奖，他们开发出了比头发还要细 1000 倍的分子机器。

分子机器是世界上非常前沿的领域，至今其应用研究还处在初期阶段。早在 20 年前，田禾就在国内组建了分子机器研究团队，率先向这一领域发起挑战。"可能会失败，但我不怕，愿意先来试一试。"在国家自然基金委的大力支持下，他获得了申请"非共识项目"8 万元的探索经费。

他 20 年如一日初心不改，砥砺前行，持续攻关，终于在分子机器基础研究领域取得了众多创新性的突破。

这仅仅是迈出了第一步。如何使微观分子机器实现功能化和实用化？面对这一当今世界众多国际科研团队共同的前沿挑战，田禾带领研究团队创造性地将分子机器与纳米颗粒进行连接，精准实现了人工分子肌肉在分子尺度的收缩——舒张功能，并巧妙地将分子机器横跨细胞的磷脂双分子层，首次实现了人工分子机器在离子跨膜运输领域的应用，为分子机器的功能化与实用化提供了新思路。这一研究成果获得了包括诺贝尔奖得主在内的国际同行的尊重。

在获得 2019 年度上海科技功臣奖后，田禾表示，他将继续瞄准核心技术，潜心科学研究，为培育时代新人贡献智慧和力量。

童上高

工业机器人“智”造师

上海沃迪智能装备股份有限公司副总经理

他洞悉时代风云，把握科创发展，以革新之势引领物流包装领域；埋头于技术领域，着眼于核心驱动，让工业机器人"智"动未来，从此贴上"中国制造"标签！

"我其实只是一块砖"

国外机器人技术领先中国 10 年以上，如安于现状，创新停滞不前，将永运无法突破国外厂商对中国市场的封锁。然而，相比国外的成熟市场，我国协作机器人尚处于起步阶段。

2017 年，时任沃迪公司机器人研究院院长的童上高研制成功自主品牌的 TPR 系列搬运机器人后，又将目光投向了工业协作机器人。

"不管多难，一定要研发出我们自己的协作机器人，与国外厂商掰一下手腕！"在一次会议上，他斩钉截铁地说。

研发的道路是艰难的。面临研发设计人才缺乏、核心零部件技术缺失等现状，研发刚开始就陷入了僵局，给了整个研发团队当头一棒。

正当组长小顾一筹莫展时，上海交大曹教授表示愿与沃迪开展产学研合作，共同攻克难题，这犹如及时雨给干渴的土地增添了活力。

课题后期，设备调试难度大，失败数次，团队人员自信心受到极大打击。童上高得知后，决定去金山廊下马术公园组织一次团建，鼓励大家一定要沉住气，憋着一股韧劲去攻克难关。在烧烤时，童上高说："在通往成功的道路上必定会经历失败，正因技术落后才要不停地学习钻研。我相信我们的团队必定会成功。当然劳逸结合也是很重要的。"他的一番话说到了大家心里，现场一片欢声笑语。

在接下来的日子里，整个团队士气高昂，完全变了个样。在童上高的带领下，大家夜以继日地修改测试技术方案。同事下班回家后，童上高又接着干，戴着安全帽在现场继续调试。

苦心人天不负。2018 年，我国第一代沃迪工业机器人研发成功。"这是整个团队的功劳，我其实只是团队里的一块砖，哪里需要搬哪里。"童上高谦虚地说。

汤 亮

"跨界"创新的民营企业家

奥盛集团有限公司董事长

"跨界"创新的民营企业家

20世纪末,奥盛集团董事长汤亮带领一群志同道合的小伙伴一起创业,他瞄准的目标是新材料创新,着眼于填补国内空白,首先制造出了新型的金属材料,然后用新一代金属材料去架设跨江越海的大桥缆索。

桥梁上部的巍峨缆索,是整座大桥的承重"拉手",事关重大。汤亮是缆索质量的第一责任人,实验室数据哪怕有一丁点儿偏差,无论经济损失多么大,他都要求重来,严把质量关,把"中国制造"变为人人信服的"中国智造",多年来创造了一个又一个的高峰。

如美国奥克兰新海湾大桥缆索工程竞标时,包括奥盛在内全球有承接资格的10余家企业都来了,大家都摩拳擦掌,志在必得。奥克兰新海湾大桥是美国一个地标性建筑,这座大桥建在多发地震带,明确要求要有抗御8级地震的能力,技术难度、施工要求都极高。最终,奥盛集团凭借着具有独立知识产权的核心科技,在巅峰对决中拿下了这个工程。汤亮带着团队一起奋斗,在新海湾大桥的缆索工程上,奥盛拿出了多项最新的科研成果。在

整个施工期中,面对工程监理近于苛刻的施工要求,奥盛以精湛的制造工艺和严苛的检测水平,出色地完成了工程建设,收到了美方表示由衷佩服的感谢信。

如果从上海的南浦大桥、杨浦大桥数起,一直数到长江水面上一半以上的跨江大桥,它们的缆索都是奥盛制造的。世界上桥梁跨度排名前四的大桥缆索,奥盛集团就占有了三席。屡获殊荣并没有让汤亮停下科技创新的脚步,他带领集团"追梦再出发",抓住新时代机遇,果断转型升级。

在重塑奥盛产业板块、科技创新的过程中,汤亮是企业的领导者,要拍板科创团队组成、资金供给、后勤支持等;更是科创带头人,履行着金属材料高级专家的责任,埋头于实验室,与科创人员一起"甘坐冷板凳"。就拿"中风克星"左心耳封堵器系列来说,汤亮作为这项专利的第一发明人,七年磨一剑,终于获得国家食药监管总局的"创新医疗器械特别审批",获批上市后又被纳入了医保范围,给无数患者带来了福音。

从桥梁缆索到介入医疗器械、航空发动机叶片,再到高温超导电缆,一次次成功"跨界",考量他深耕高端制造的坚守,点亮他逐梦科技创新的底色。咬定青山,沐雨栉风,一道道"牵引"全球的"中国弧线",承载着他的理想和担当——为"中国创造"赢得荣光!

许 力

智慧码头的"筑梦人"

上海国际港务（集团）股份有限公司尚东集装箱码头
分公司工程技术部经理

他从跟跑者变为领跑者

"对不起，我们不接受参观。""对不起，这个问题不方便回复。""对不起，这里不允许拍照。"这是发生在 2017 年夏天，作为洋山四期自动化码头技术团队核心成员许力，赴美国弗吉尼亚门户码头培训学习时听到最多的三句话。当时控制室和维修场地也不许进，培训老师对关键的核心问题都避而不谈。

正是这段经历，激发了他不服输的拼劲。回国后他一头扎进设备堆里，不放过设备运行的每一个细节，将一个又一个难题反复钻研，成功打破了自动化码头的技术壁垒。现在回想起来，许力反而多了几分坦然和感恩。

随着洋山四期的成功开港，国外一些技术专家纷至沓来参观学习，许力完美实现了从自动化码头技术的跟跑者到领跑者的华丽转身。

"师傅，堆场控制器坏了，所有箱区的轨道吊都无法作业！"许力的徒弟小吴至今还清晰地记得在调试阶段发生的那次故障。那天下午 3 点，小吴急冲冲地找到许力。"通知供应商和振华重工，等他们一上班立马视频连线，你和我先去现场。"许力边关照小吴，边戴好安全帽，直接爬到几十米的轨道吊电气房，一台台逐一查看，对比通讯接口及自动化指令状态，通过手机、对讲机和多方技术人员保持沟通，等到故障排除已是第二天凌晨 2 点钟了。

在许力技术团队的努力下，开港所有设备调试提前 3 个月圆满完成。2017 年 12 月 10 日，全球单体规模最大、智能化程度最高的洋山四期自动化码头顺利开港。

他从传统码头走来

一鼓作气，创造世界第一

他技艺为骨，匠心为魂

博学之，笃行之

开启了全球集装箱码头创新之路

中国港口建设从此由"建"造走向了"智"造

周弘文

"为国引航"的船舶指挥家

上海港引航站高级引航员

"你是我见过最棒的引航员"

2017年夏天，超强台风"泰利"外围开始影响申城，一时狂风渐起、暴雨如注，水面上一片苍茫，豪华邮轮"室女星"号上数千名游客的安全牵动着上海港引航站员工的心。邮轮必须赶在台风之前驶进上海港，靠泊黄浦江上的国际客运码头。

谁能保证这艘迄今为止进出黄浦江最大邮轮的安全引领呢？"周弘文"这个名字不约而同地出现在大家的脑海中，领导当即拍板："就是他了。"

驾驶室内，外方船长看着室外的狂风暴雨和起伏不定的海面，静默了一会扭头对周弘文说："周，这样的天气，我们还是改靠外高桥码头吧。"周弘文沉稳地答道："尊敬的船长，我是上海港专业引航员，一定会保证船舶和所有游客的安全。"望着哗哗的暴雨，船长迟疑了一下："周，我建议你再考虑一下。""相信我！没问题的！"周弘文镇定自若地回答道。

"左满舵，好，把定……继续……"周弘文谨慎操纵，邮轮在雨幕中缓缓前行。当进入黄浦江航道，外方船长发现前方码头桥吊吊臂依然伸展在码头外时，又焦虑起来："周，桥吊还在那里，会否影响我们的航行宽度？""请您放心，我已经在联系了。船舶接近码头前桥吊会提前收好，保证航行安全。"最终，邮轮克服了风高流急、狭窄多弯和小船纷扰等多个不利因素，安全准点地靠妥码头。

"EXCELLENT！"握着周弘文的手，船长由衷感叹："周，你真是我见过的最出色、最专业、最棒的引航员。上海港的服务，NO.1！"

他，沉稳持重，二十八年如一日，坚守"水上国门"
他，敏锐创新，带团队攻坚克难，提升"引航效率"
他，示范引领，传授技能育新人，孵化"引航精英"
弹指二十八载，完成近七千艘次的中外各类船舶引领
屡创上海港引航史上的"第一"
他牢记为国引航使命，竭诚服务强港建设

李伟伟

航运智能码头创造者

中冶宝钢技术服务有限公司第三分公司作业长

"一扇弹簧门""为皮带翻身""智能码头运维"
妙计巧招，出其不胜，
他从徒弟、技能大师到创新领军人
有"草根逆袭"的奋斗励志
"小聪明"化为"大智慧"
脚踏实地，着眼未来
在创新道路上走出拼搏的青春

他使传统码头大变样

刚完成料场转驳料，推扒机司机小袁就气呼呼地走向李伟伟技能大师工作室，人还没进，大嗓门声音就传进来了："这活没法干了！一会儿多，一会儿少，一会儿驳过去，一会儿又驳过来。这料到底还能不能估准点！"

是啊，这个问题老生常谈了，必须尽快解决。正在写值班日志的李伟伟停下了手中的笔，陷入了沉思。

"好，你别急，下周工作室开专题会，一定想办法攻克它！"听李伟伟这么一说，小袁的气顿时消了一大半。

专题会如期举行，大家你一言，我一语，试图找到问题的解决办法。由于无法精准估料，方案被李伟伟"无情"推翻。

正当讨论陷入僵局时，一位员工无意中说的泄气话："这也不行，那也不行，人脑不行，就用电脑呗！"让李伟伟眼睛一亮："对，可以试试。"说干就干，李伟伟采用人工智能＋无人机，高空摄影搜集车辆的长、宽、高，电脑计算料堆吨位……一颗孕育着未来希望的种子由此结出累累硕果。

经过一年的实践，想法终于变为现实。2020年1月3日，马迹山智慧化料场正式投入营运。"无人机＋AI＋北斗导航"，终于使港口矿石料估算操作实现精准化。

这一系统填补了行业空白，也使亚洲第一矿石中转港宝钢马迹山港，从传统散货码头向世界一流的绿色智慧枢纽港迈出了坚实一步。

程邦武

逐浪前行的人

中远海运船员管理有限公司上海分公司轮机长

"这块硬骨头，我来啃"

提起轮机长程邦武，熟悉他的船员无不翘起大拇指称赞。

2012年，一艘20多年船龄的"老"船状况频出，累走了几个轮机长。他得知后二话没说，收拾好行李直奔船上。他发现"毛病"出在组合锅炉炉膛烟管焊接处的裂纹漏水，且有扩大趋势。在公司已有修理打算的情况下，为避免企业因船期延误而带来的巨大损失，程邦武主动把活揽了下来："这块硬骨头，我来啃。"

他冒着炉膛摄氏56度高温，钻进炉膛，对漏水处进行焊接。经过5个小时的连续作战，终于将漏水故障消除。当浸透汗水的炉灰把他打扮成一个纯正的"黑人"时，程邦武的脸上充满了灿烂的笑容。

又有一次，他在已经修复过的一艘船上发现船舶艉轴螺旋桨锥面存在裂纹，但船厂出具的修船报告却说没有超出使用范围。凭着多年积累下来的操作经验，该轮在重载时船舶前后方向振动明显，并出现轻微漏油现象，一旦遇到恶劣海况就会发生断轴风险。根据他的建议，公司再次安排该轮进厂修理，对艉轴采取更换措施，确保了航行安全。

所有这些，都离不开他对工作的兢兢业业。对技术的精益求精，对船舶故障一判一个准，就是对他最好的诠释。

他是海员的佼佼者——海上"大国工匠"
20余年坚守"浮动国土"，将"海洋强国"梦想牢记心田
20余艘船舶历练，轮机日志上留下职业操守
30多万海里安全航行，螺旋桨上镌刻着优秀品质
无数个日日夜夜，汗水洒满机舱的每个角落
他面向大海，不畏艰险，劈波斩浪，筑梦远航
发扬同舟共济精神，驾驭中国巨轮驶向胜利的彼岸

何江华

首批 LNG 船建造者

沪东中华造船（集团）有限公司 LNG 总建造师

27 年沐雨栉风

他参与并见证了中国造船产业发展壮大

从中国第一艘大型 LNG 运输船

到全球最大双燃料集装箱船

从引进技术消化吸收

到技术创新实现自主可控

为保障能源安全

改善气候环境，提供世界一流的海运装备

他孜孜以求

从未停下创新超越的脚步

他是中国向造船强国进军路上的开路先锋

被世界顶尖船企看中的何江华团队

当世界著名班轮公司把全球最大、首个以液化天然气（LNG）为主要燃料的 23000 箱超大型集装箱船订单交到沪东中华手中时，看中的就是由何江华领军，有着比肩世界一流的造船团队。

业内人士都知道，LNG 需要在零下 163 度的超低温下才能保持液态，承载 LNG 的燃料舱需要在船舱内壁安装两层特殊的耐超低温液货围护系统。这种被称为 MarK 的围护系统，中国企业从未建造过。

明知前面有风险，越是风险越向前。何江华立下军令状：一年内掌握 Mark 型 薄膜燃料舱制造的核心技术。他每天工作超过 12 个小时，将大量的精力用在现场。超负荷运转让他病倒了，但于术没多久，他又出现在第一线。

经过潜心研究，反复试验，何江华团队一举攻克了围护系统次层主膜不锈钢波纹板焊接、次膜粘连等多项世界性难题，自主研制了确保主膜结构强度的 14 万块铝合金楔板，以无可争辩的事实兑现了他一年前作出的庄严承诺。

这艘用 7 个月时间建造出的燃料舱，在主层不锈钢波纹管 9 公里的焊缝中，首次检验仅 3 个漏点，其性能、质量远超已有 20 年建造经验、建造水平世界最好的国际顶尖船企。何江华团队赢得了船东、船级社专家的交口称赞："你们的围护系统团队是世界顶级的！"

邹文军

期货交易幕后英雄

上海期货交易所运行部总监兼交易管理部总监

精研技术，打造高效、安全、强大的期货交易系统，推动期货市场对外开放，让中国价格走向世界。他用期货从业者的良知、技术工作者的智慧、团队领导者的坚守，为中国期货市场保"价"护航。

一路推动　见证发展

2018年3月26日上午9点，随着一声清脆锣声响起，中国原油期货正式挂牌交易，成功背后是无数次的付出与艰辛。

上期所从2001年就启动了对原油期货的研究，邹文军和团队为原油期货提供系统设计也筹备了五六年的时间。2013年底，邹文军带领技术团队进行相关业务系统的改造开发。2014年4月和10月，原油期货推进方案两次紧急调整，邹文军充分调动技术部门各类资源，在最短时间内完成相关系统的调整，实现与现有技术系统的融合，同时支持上期所、能源中心两个交易所的交易，为境外投资者参与国内期货市场交易，提供了一整套安全、高效、稳定的技术解决方案……最终，技术系统提前完成准备，等待上市的指令。

整个筹备过程经历了无数次改动，一些技术设计推倒过很多轮，甚至整休方案做好后又被推倒再重来。"这个过程中大家都憋着一股劲儿，这把剑不停地在磨，因为原油期货本身太重要了，能源是国家的命脉。"回忆起这段往事，邹文军感叹道。

原油期货上市以后，上期所在国际化道路上马不停蹄地继续前行，20号胶和低硫燃料油等国际化期货品种，铜期权、天然橡胶期货和黄金期权等期权品种相继上市，同时，大宗商品交易平台也成功上线。交易品种的增加、交易量的扩大、期货与现货两翼齐飞，都有赖于一个高效、安全、稳定、强大的技术系统。

"全球各大交易所的竞争，离不开技术的竞争，目前这一块我们还不占优势。"邹文军说。作为一个期货老兵、技术领军人物，他表示要继续努力，为把上期所建成世界一流交易所贡献力量！

章万锋

金融科技的实践者

交通银行股份有限公司软件开发中心开发一部高级经理

求实创新，蜚声业内，十余年的创新沉淀，软件研发硕果累累；区块链推进资产证券化业务，人工智能助力线上线下一体化；不因循守旧、不畏惧变革，积极拓展金融科技应用，从创新的"追逐者"变成"引领者"！

将"不可能"变成了可能

"相信自己、敢于挑战，没有什么事是不可能的。"章万锋经常对身边同事说。他和他所带领的团队，做了很多将不可能变成可能的事情。

2017年年底，交通银行发起"上丰杯"首届青年创新大赛，章万锋第一时间组织工作室成员讨论。创新大赛可是全行级的比赛，而工作室人数少、成员年纪轻，应该报什么项目呢？大家你看看我、我看看你。章万锋鼓励大家："我们不妨把这个比赛当作促进创新想象的机会，不要先想能否实现、能否获奖？多想做什么有意思、有价值。"

一席话打消了大家的顾虑，于是开始热烈讨论起来。智能工单、AI衣柜……一个个天马行空的点子冒出来了。有人提出，可以引入区块链技术，实现信息流转与共享，有效提高资产证券化产品运营的效率与透明化程度。大家一致认可这个创意。通过集思广益，给项目起了"聚财链"的名字。

课题定好了，接下来怎么干呢？"区块链"是一门新技术，团队里面没有人懂啊！章万锋又鼓励大家，"不会就学、不懂我们就研究。相信自己，没有不可能的事。"他带领团队一起努力，用一个月不到的时间，雏形就研发出来了。

由于竞争激烈，项目止步于初赛，大家有点沮丧。章万锋一面给大家打气，一面带领团队主动找投行部、风险部以及交银信托公司推广、介绍"聚财链"，得到了高度认可与积极响应，"聚财链"项目成功上线。章万锋和他的团队推出业内首个全流程区块链资产证券化平台，引起高度关注，证券日报、中新网等媒体纷纷采访报道。目前已有25家机构上链，链上业务总规模超过700亿。

CHAPTER 02

第二篇
协调发展，提升城市软实力

为进一步将"以人为本"理念融入城市发展，促进社会公平、提高生活质量，上海注重补齐短板，改善城市发展软环境。

在推动城市发展转变的过程中，广大劳模和先进工作者立足岗位、迎难而上，在促进城乡发展一体化、提升城市建设管理及城市发展软实力等工作中，发挥了重要作用。

周 欣

人民群众的"欣法官"

上海市高级人民法院刑事审判庭（未成年人案件综合审判庭）副庭长、审判员、三级高级法官

法槌铿锵出正义

周欣从事重大刑事案件审判工作二十余载，创造了经办千余起案件无一差错的"神奇"记录。

"雨夜的杀人迷案""终于被找到的漏电保护器""一个死刑犯被漏诉的前科"……周欣的办案故事个个精彩。近年来在国家严厉打击毒品犯罪的高压态势下，一些新型毒品伪装得越来越隐蔽，周欣办理过一起上海首例涉嫌制造、贩卖、运输某种新类型毒品的案件。法庭上，被告人滔滔不绝地谈着所谓"化学复合制品"的制作流程，用一串串化学分子式试图撇清与毒品的关系。

"既然被告人提出了辩解，我们就必须要回应。"为了正确定罪量刑，周欣与合议庭成员先后奔赴毒品检验中心、化学研究所、食品药品监督管理局详细咨询，证实该"化学复合制品"就是新类型毒品，又收集大量研究文章，并在全国范围调取为数不多的类案参考。最终，在如山的"铁证"面前，原本"喊冤"的被告人当庭认罪服法。

2015—2017 年，周欣曾调任至法院信访部门工作，回想起这段经历，周欣总会动情。让她印象深刻的是一位多年的信访人老李，他曾将一面写有司法不公的"黑锦旗"送到法院。为化解矛盾，周欣翻阅案卷，掌握信访症结；深入街道，了解具体情况；最后亲自带队上门，以情入手、以法为据，释法说理，推心置腹的交流深深打动了老李。老李专程送了一面写着"为民解难入真情、心里冤屈化春雨"的红锦旗到法院，从"黑锦旗"到"红锦旗"，结束了他多年的信访之路。

不辱使命，认真履职，用担当书写法律人的荣光。面对一桩又一桩刑事大案要案，抽丝剥茧，法槌铿锵，激荡出正义的回响。她是圈粉无数的"欣法官"，用大爱情怀，把百姓的家长里短，汇聚成司法为民的磅礴力量。

张 琛

"套路贷"神探

上海市公安局闵行分局党委委员

以细节为刃，撕开"画皮"；以胆识为锋，斩断"黑手"。从警25年屡破大案，开创打击"套路贷"的"上海模式"。在盘根错节的案情中，攻坚克难，以"钉子"精神守护老百姓的"钱袋子"。在扫黑除恶的斗争中，不畏艰险，以"亮剑"气魄歼灭恶势力的"伞网链"，道一声平安英雄，有你真好！

"金盾"热血铸就

三年前，张琛在刑警"803"担任"反黑"支队长。有一天，接到一名女大学生报案，她从小额借贷10万元开始被"套路"利滚利，到后来被迫抵押了家里的2套房产，几乎家破人亡。这就是现在人人喊打的"套路贷"。

张琛和同事们立下军令状，从这起案件入手，誓将"套路贷"全链条的犯罪分子绳之以法。那段时间，他将家搬到了单位，没日没夜地专案攻坚，终于一条完整的证据链逐渐形成，不法分子环环相扣的"套路"被他撕开裂口。但他们并没有急着收网，因为如果打不了"全链条"，这类案件也难以得到遏制。为此，他主动对接法院、检察院，提前就各个诉讼环节进行反复专题研商。

开庭那一天，检察长、院长亲自出庭公诉、审理，确保了团伙成员全部认罪伏法，成为本市首起以诈骗罪判决的"套路贷"案件。基于该案的成功经验，他牵头制定了《本市办理"套路贷"刑事案件的工作意见》，最终被引用在"两高两部"联合下发的《关于办理黑恶势力犯罪案件若干问题的指导意见》中，形成了在全国推广打击"套路贷"的"上海模式"。

2019年，他调到闵行公安分局分管刑侦工作，成立了专业反诈队。疫情期间，他带领团队连破多起涉疫诈骗案，其中，一则民警怒斥百般狡辩嫌疑人的短视频在"抖音"等平台播放量达6亿多次，《人民日报》领衔千万网友为民警的"硬核"点赞，给万众一心的抗疫战斗打了气。截至今年6月底，他们共破获"电诈"案件443起，抓获违法犯罪嫌疑人435人，小区"电诈"类警情同比下降10.3%。

林 植

智勇双全的好警察

上海市公安局经济犯罪侦查总队一支队二大队大队长

心系百姓，执法为民，在没有硝烟的战场上寻找蛛丝马迹；铁骨铮铮，智勇双全，在瞬间万变的网络中打击金融诈骗。他用独特智慧和经侦本领，一点一滴堆垒起市民的安全感，不愧为忠诚铁血的好警察！

为群众挽回损失 30 亿元

时间已经到了晚上 11 点钟，林植还坐在办公室里研究案情，试图从千丝万缕的线索中找到关键点，早日将犯罪嫌疑人绳之以法。

前不久，发生了一起涉案金额上百亿的非法集资案件，给大量投资人造成严重的经济损失。林植临危受命，挑起了侦办该起案件的重担。"这个案子的时间非常紧，我们现在要多加班，把思路理清，把工作做细，和时间赛跑，尽快把犯罪嫌疑人抓捕归案。"在专案组成立之初，林植说道。在随后的日子里，他给专案组的同志做好分工，带领他们每天早出晚归，白天跑银行、查工商、接待投资人，晚上回办公室汇总情况，分析人员关系、研判嫌疑人踪迹、追踪资金流向，为破案打下了坚实的基础。

每次投资人来询问案件情况时，林植总是热情接待、耐心解答："警方现在已经立案了，我们一定会尽快把案件查清楚，早日把坏人绳之以法。" 一名 60 岁左右的投资人焦急问道："林警官，听说老板逃到国外去了，我们这些投资人的钱该怎么办呀！" 林植耐心解释道："我们在第一时间已经采取了相应措施，抓捕工作正在开展，涉案资产已经查封冻结。"听到他耐心解释，投资人悬着的一颗心终于落地，露出了笑容。

将他们送走后，林植又迅速投入到工作中。经过对犯罪嫌疑人的各种关系和轨迹深入调查，终于知道主犯出逃境外的假象，迅速锁定了其在境内可能藏身的地点，并一举抓获，案件得到侦破。

近年来，林植带领战友们奋战在打击非法集资的第一线，累计为群众挽回经济损失 30 余亿元，收到了多封感谢信与多面锦旗。

朱 谊

优秀的城管老兵

上海市闵行区浦锦街道城市管理行政
执法中队中队长、党支部副书记

身先士卒，坚守执法一线；迎难而上，坚持执法为民。他不忘初心，恪守军人本色；坚守一线，化解群众心头的"急难愁盼"。热血铸军魂，退役不退色；秉赤子之心，继续在城管战线书写奋斗风采；无私奉献，坚持做人民"服务员"！

城管老兵的不灭"军魂"

2015 年 7 月，历任几个街镇城管干部的朱谊受命对标对表"市城管执法示范中队"组建浦锦街道城管中队。14 名执法人员，24 平方公里辖区，这几乎是不可能挑起的重担，可这位转业老兵一如既往地以"服从命令为天职"，义无反顾开始新的征程！

2016 年 1 月，朱谊正式履职，随即迎来"五违四必"大整治。面对人员不足、车辆配备少等难题，他身先士卒，天天开着私家车跑走访、跑调查、跑拆违工地，带领队员们"5+2"、白加黑奋战在一线，一年里他的车胎跑坏了 6 只。也正是高强度的工作，锻炼和磨合了队伍。中队在齐心协力完成 50 万平方米体量违建整治任务同时，还取得区城管执法系统考评第一。

朱谊始终坚持"老兵带新兵"，对队员们进行言传身教。如今，中队人员扩大到 32 人，在全区率先完成市示范化中队创建，已成为一支满满"军魂"的精干队伍。他手把手教会年轻队员如何事先勘察、制定计划、掌控现场、妥善撤收，着力处理好违法搭建、占道经营、无证设摊等影响居民生活的热点难点问题。

2020 年新冠疫情爆发后，朱谊从除夕便奋斗在抗击疫情第一线，连续 44 天睡在办公室。中队也从年初四全员放弃休假上岗。朱谊带领队员们认真开展街面巡查、组织防控广播宣传、整治各类乱象隐患，保障人民群众健康安全。战"疫"期间，队员们常忙得顾不上吃饭，数九寒冬也要巡夜，笑称自己属于"饥冻"中队，却无人畏难退缩。朱队长说："想舒服不要当城管！"年轻同志们早已习惯将"朱队说"挂在嘴边，"做好自己该做的事，是责任更是本分！"

官景辉

市场监管卫士

上海市市场监督管理局执法总队四级高级主办

不让劣质口罩流向市场

结束了一天的市场巡查任务，深夜才到家的官景辉，轻轻推开房门。柜子上叠放着三个口罩，旁边一张儿子写的纸条，"这两天我和妈妈都没有出门，省下三个口罩给你用。病毒无情，爸爸你可要注意防护！"看到这些，他摘下已经用了两天的口罩，将它小心放入垃圾袋内打好结，脸上露出了欣慰的笑容。

2020年2月初，官景辉收到举报，反映某公司涉嫌在网络平台销售伪劣口罩。他从快递单上的信息入手，经过一整夜的调查摸排，终于在普陀区一所民宅内找到了涉案企业。到现场，却发现口罩早已销售一空。他赶紧设法联系消费者追回"问题口罩"，以便能尽快送检查明质量，最大程度降低佩戴劣质口罩给群众生命健康带来的危险隐患。

可当时市场上"一罩难求"，老百姓异常恐慌，即使明知手中的口罩存在问题，也都不愿意拿出来提供作为证据。这该如何是好？官景辉想到儿子"省"给他的三个口罩，拿出来一对一换到了消费者手中的"问题口罩"。身边的同事见状，也纷纷拿出自己备用的口罩，这才获得了足够的检测基数，第一时间固定了证据。

马不停蹄，他又辗转专业检测机构，研究比对国家口罩标准，走访电商平台调取销售记录……整整72个小时，从清晨到深夜，又从深夜到清晨，官景辉带领团队一举查处疫情以沪上规模最大的涉嫌虚假宣传、哄抬物价、销售不符合规定的口罩案，查实涉案口罩89万余只。案子迅速查办让广大市民不禁拍手称快，而那些企图趁机发国难财的违法商人受到了应有的处罚。

那枚国徽，是他的日月星辰，高悬于头顶，点燃了心中的光芒！
那身藏蓝，是他的春夏秋冬，步履匆匆，努力刻画出信仰的模样！
把国家和人民利益高高擎起来，用一颗心去温暖另一颗心，用一种力量去感召另一种力量，跨越假与非的沟壑，打破丑与恶的壁垒，让"法治是最好的营商环境"这张城市名片愈加夺目生辉！

周 盟

高墙内的"排雷手"

上海市新收犯监狱狱政管理科（狱内侦查科）科长

没有案发现场，没有报案笔录，一次次谈话攻心、一次次专案研判。捕捉罪犯飘忽躲闪的眼神，查找罪犯档案中的蛛丝马迹，默默无闻的他，在监狱内"挖弹排雷"，屡立奇功！

用忠诚铸就平安

近几年，周盟儿子对妈妈说的最多的一句话："妈妈，爸爸去哪了？"

周盟在家的时间很少，白天加班晚回家，晚上去单位忙工作，有时饭没吃完就匆匆走了。平日里，他一会去安徽、江苏遣送押解，一会又赶去新疆执行任务，原先说好陪儿子看电影、过生日，陪妻子散步逛街、开家长会的，结果总是缺席。妻子打他电话，不是在开会就是在忙工作，几乎没有空余的时间。

新冠病毒疫情期间，周盟主动留在单位封闭执勤，没有双休日、节假日，没有8小时上下班，全天候、24小时坚守在大墙里面。儿子给他打电话："爸爸你在哪里？啥时候回来啊？"他说："因为工作需要，爸爸还要留在单位，再等等我就回来了。"结果盼星星盼月亮一直盼了70多个日日夜夜。他一直和儿子说："我是监狱警察，是特殊人群的'灵魂工程师'，承担着管理教育罪犯的责任，是守护上海平安的最后一道防线。"

2002年，周盟和一名罪犯斗智斗勇一个月，终于让他主动坦白了20余起入室盗窃的余罪，帮助公安机关成功破获11起入室盗窃案件，涉案价值8万余元。他还帮助公安机关成功打掉上海闵行地区3个赌场，共抓获涉案人员206人，深挖出安徽某地的一个涉及20余人的涉黑团伙，涉嫌抢劫、强迫卖淫、敲诈勒索等。

这几年，周盟和他的团队制定了"收、关、管、训、教、评、分"七字工作标准，总结提炼出"四个五""13712"工作方法，查证案件500余起，使几百名犯罪分子受到法律应有的惩罚和打击。"没有越不过的高山，有困难就要想办法"，他是这么说的，也是这么做的。

周 琰

海关智剑"神盾"

上海海关浦东国际机场海关旅检处副科长

在没有硝烟的博弈场，他从上千份案例中"白手起家"解困境；从"人机犬"到"智剑"，他在"数据海"里探索新径。12 本工作日记，468 个高风险名单，3340 张重点过机图像，"智剑"团队锋芒出鞘，织就缉毒缉私防护网，精准命中识罪犯，守住海关国门安全！

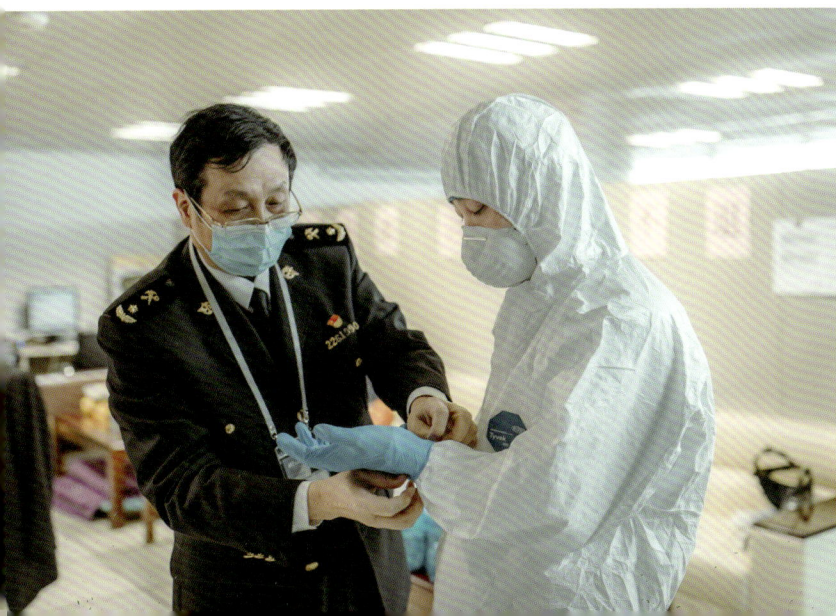

海关的"鹰眼"

周琰入职海关岗位时，正值雷霆扫毒专项行动期间。一天，缉私人员都去开会了，整座入境大厅空荡荡的。这时一位外籍旅客行为诡秘地从洗手间里出来，引起了周琰的注意。为了拖延时间等待技检人员，他拿出申报单让当事人填写。当事人故意写错名字、填错出生日，周琰猜测他是不想留下痕迹，这更加大了怀疑，他立刻通知技检人员。经过对当事人检查，一起 2000 克海洛因毒品走私案被发现。

上海浦东国际机场是全国最大的国际空港口岸，年平均进出境旅客达 3200 万人次，要从这么多人群中找出走私嫌疑分子，难度可想而知。周琰和他的团队试验对分析研判工作进行调整，将前台熙熙攘攘的旅客转换整合成后台的数据信息，将现场查缉经验信息化、科技化，从而解决了人力资源、监管资源有限，走私分子刻意伪装正常旅客通关等难题。以此方法，2013 年查获一名南美女性人身捆绑可卡因 3 公斤，又查获一起地毯夹藏海洛因 6 公斤的案件。周琰摸索出来的数据分析工作法，给一线查缉人员精准打击走私犯罪，起到了积极作用。

2017 年 2 月，周琰工作组根据前期数据分析，锁定 ET684 非洲直航航班上一名东南亚籍女性有重大走私嫌疑。当嫌疑人通关时被拦下，经过 X 光机检查，发现满满一箱鞋子鞋跟都有异物。"它们并非违禁品，而是塑料模具。"当事人开始激动了，要求赔偿她的样品。为什么边框塑料这么厚？技检员割开边框时，落下白色异常粉末，经现场鉴定，这是国外犯罪集团最新工艺的可卡因，净重达 10 194.71 克。周琰以敏锐的查辑技巧和坚持不懈的努力，获得查毒上的突破，阐释了忠诚担当。

洪 亮

"法律工匠"

上海至合律师事务所主任

执业近20年，他秉持良知、勤勉
尽责，以推动社会法治建设为担当，
助力经济发展，服务基层民众。他睿
智沉稳，关注民生，以维护法律尊严
体察民情为己任，脚踏实地，也仰望
星空。他说：向着明亮的地方生长，
发出自己洪亮的声音。

法治教育的推动者

数年前，洪亮在日本名古屋。

一天早上，他正准备前往当地的博物馆。在一条非常窄的马路边等红绿灯时，看见有
一对中学生背着书包也在等红绿灯，路很窄、没有任何车辆经过。时间似乎过了很久，但
前面的红灯还是没有变绿，洪亮有点不耐烦，想穿过去，但转眼看到那两个孩子静静的等着，
也就不好意思起来。事后，在与日本的朋友聊起这件事才知道，日本在中小学生的基础教
育中就设置了法律课程，对学生进行法治基础的教育，从小树立法治理念。

回国后，洪亮调研了国内中小学的基础教育课程，发现我们没有类似法治必修课程的
现状，经过大半年的奔走和调研，最终首倡并在上海设立了全国第一家由律师事务所、高
校和中学合作的中学法治教育研究基地。通过举办各类讲座、模拟法庭、法治演讲比赛，
邀请法官、检察官等法律界人士参与，形成调研报告等研究成果，为政府部门的决策提供

了重要依据。

经过近10年的努力，最终在社会各界的支持下，从2016年起，全国义务教育
小学和初中起始年级《品德与生活》《思想品德》教材名称统一更改为《道德与法治》。
法治课程终于进入了我国基础教育的必修课程。

洪亮不断创新法律实践，服务国家大局，发挥专业特长，参与法治建设，积极
参政议政，彰显责任担当。他为科创板、城市精细化管理等提出的议案，契合国家
发展战略，引发广泛关注。先后多次获得世界顶级法律评级机构钱伯斯（Chambers）
的最佳商事律师奖。

姜 龙

蓝色国土巡护者

中华人民共和国浦东海事局海区海巡执法
大队队长兼"海巡 01"轮船长

云帆沧海，长风破浪，扬帆奋楫，他中流击水；巡航时监管，险情时逆行，搜救时指挥，闻令时远征，风浪里尽显本色；护佑航运，耕耘深蓝，不负韶华，宽广的大海，是他最美的勋章！

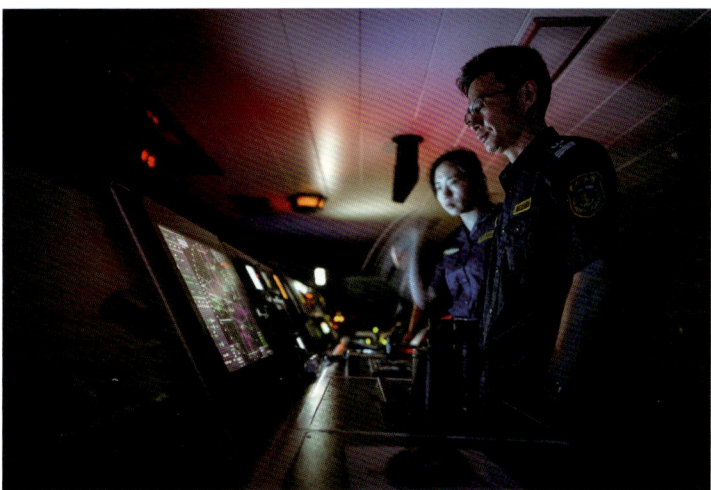

火海映赤心

2018 年 1 月 6 日 21 时 52 分，"海巡 01"轮接报，长江口外海面，装载约 13.6 万吨凝析油的巴拿马籍油船"桑吉"轮和香港籍货船"长峰水晶"轮发生碰撞，船员失联。这起事故发生在我国对外公布的海上搜救责任区，中国海上搜救中心指派"海巡 01"轮作为现场指挥船，协调搜救力量，开展现场处置。

船长姜龙立刻下达指令："目标事故水域，01 全速前进！"离事发水域 10 余海里时，冲天的火光撕破漆黑的海面，滚滚的浓烟渐入眼帘，沉闷的燃爆声不时传出，一股股刺鼻的臭味随风飘来。失火的油轮每隔二三分钟就会发生一次燃爆，温度之高近乎火山熔岩。火海范围之广近乎十来个足球场大小，1000 多米高的蘑菇云一个接一个地从海面升腾而起。

面对世界首例凝析油燃爆事故，姜龙根据中国海上搜救中心专家组指导和国家海洋预报中心的气象、洋流等信息，结合现场情况，利用自主研发的搜救软件，合理调配现场力量，灵活调整处置方案。燃爆的"桑吉"轮受寒潮大风影响，随风漂流，预计 2 天后会威胁 60 海里外的春晓油气田，后果将不堪设想。姜龙的心被攥得紧紧的，冷静地发出一条条指令，有条不紊指挥人员搜救、船舶灭火和海上清污。

经过 117 天惊心动魄的奋战，这场交织着烈火毒烟、狂风恶浪的战役终于落下帷幕。"长峰水晶"轮 21 名船员获救了，"桑吉"轮潜在的威胁已消除，春晓油气田安全了，可能产生的海洋生态次生灾害也避免了。

任务结束那天，姜龙回望那片海上的战场，阳光清透、海水湛蓝、空气清新，一群群海豚在海面上欢快地腾跃着……

王 平

驭海先锋

中国船舶工业集团公司第七〇八
研究所副总工程师

一朝触动蔚蓝大海梦，从此投身国防建设中。二十载春秋，参与五艘舰船的研制，见证了海军力量的逐渐强大。长风浩荡，群鸥飞翔，登高远望，其心可彰，强国强军的神圣使命镌刻在他骨子里！

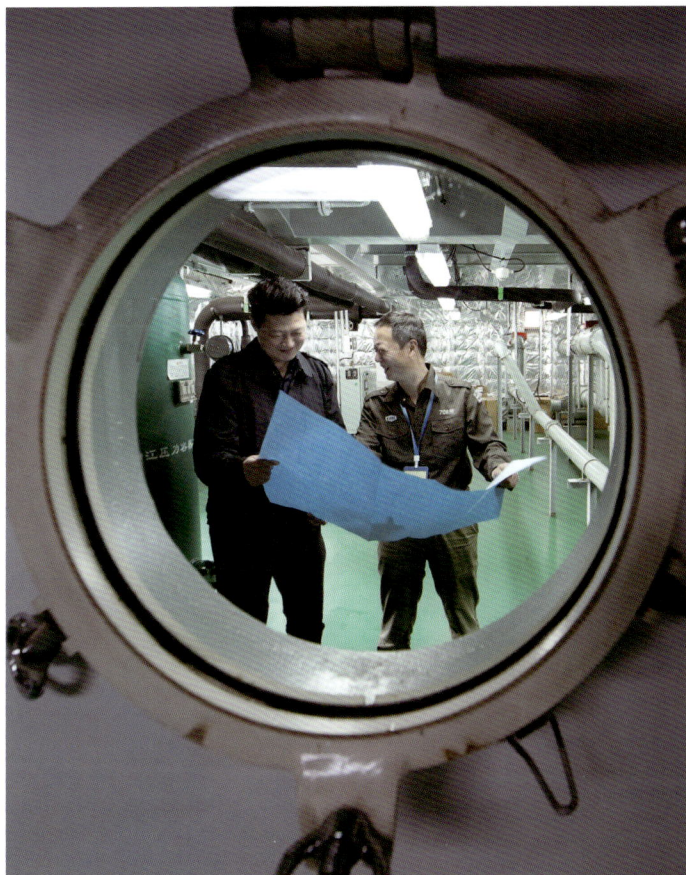

以军工初心驭蓝海

两年前的一个夏天，王平及其设计团队按照用户的要求，需要就某型推进装置深入国内某些厂家开展摸底调研工作。调研开展期间，正好撞上他身体最为虚弱的时候，时常莫名地大量出汗，又逢烈烈夏日，更加重了不适的症状。

调研工作关乎到某型综合救援船的总体设计。他努力调整好情绪，尽量让自己的状态跟上，跟着团队一起，在3天内奔走了3个城市，围绕生产资质、研制能力、实际业绩等方面内容完成了摸底调研工作。紧接着，他又一门心思加班加点赶进度，在最短的时间内高效率地完成了论证报告，并向用户作了汇报，调研工作画上了一个圆满句号。

另有一次，也是发生在一个夏天。王平作为某型保障船的总设计师到广州跟合作方商讨最终投标方案，在最后快要定稿的时候发现其带去的方案里存在"缺陷"。由于当时是

去和合作方碰头，并没有带上整个设计团队，而出现问题的这个地方又刚好是他负责的，这个重新核算的重任就落在了他一个人身上，他必须在3个小时内把整个方案包括续航力计算、规格数字修改等十几份文件全部修改完成。夏天的广州堪称是"火炉"。当时，恰巧宾馆的空调坏了，屋子里的空气都是燥热的。为保持一个好的工作状态，王平将衣袖全部卷起，用整整3个小时，光着膀子凝神聚神地一遍一遍核算数据，身上的汗水直往下流。最终，他改完了所有文件，赶上了投标时间节点。

当别人问他累不累时，王平说："看着我们设计的舰船在辽阔的大海里劈风斩浪，心里就充满了自豪感和成就感。"

朱贤麟

城区旧改"贴心人"

上海北方企业（集团）有限公司党委书记、董事长

让旧改阳光照进百姓

"不畏困难找借口，只为实干想办法。"在开展城市旧区改造工作中，朱贤麟提出这样的要求，并将"聚焦旧改"写进了公司发展战略方针。

从参与洪南山宅 240 街坊和宝山路街道 257 街坊成片旧改项目伊始，面临着现行政策无法满足旧改要求、传统融资模式无法提供资金保障的困难情况。朱贤麟主动作为，会同各有关部门不断创新和完善城市更新及毛地旧改工作机制，积极走访和协调各家银行，牵头探索创新融资模式，最终两个成片旧改项目总计落实旧改资金逾 200 亿元，为地块征收顺利启动提供了强有力的资金保障。

站在旧改基地的搬迁现场，同乔迁的老百姓挥手告别，朱贤麟表示："从老闸北到新静安，旧改已进入了新的关键时期，我们有责任把这件事做好，提升城市品质，让老百姓得实惠。"

新赵家宅居民如厕全靠拎马桶解决。一次在走访该地块时，一位独居老人说道："我今年 90 岁了，40 多年来每天都要走几百米去倒马桶，现在越走越慢，不知道哪一天就走不动了。"朱贤麟听了心里很不是滋味，深感肩上责任重大，同时更坚定了他解决百姓急难愁生活困难的信心。于是，他作出了承诺：想尽一切办法，帮助百姓解决"手拎马桶"问题。为此，他深入调研走访，合理地安排施工计划，有效加快施工进度。在他亲自督办下，集团所辖 524 户无卫生设施直管公房改造有序推进，如期竣工，于 2019 年年底全部交付，率先完成了静安区委区政府交办的任务，困扰百姓许久的如厕难题终于得到了解决，赢得居民的交口称赞。

锐意改革，走出创新之路；投身旧改，突破重重难关；心系民生，打造"美丽家园"；聚焦"马桶"问题，为民解燃眉之急。在社会转型发展大潮中，他是默默无闻的耕作者，耕耘自己，服务他人。

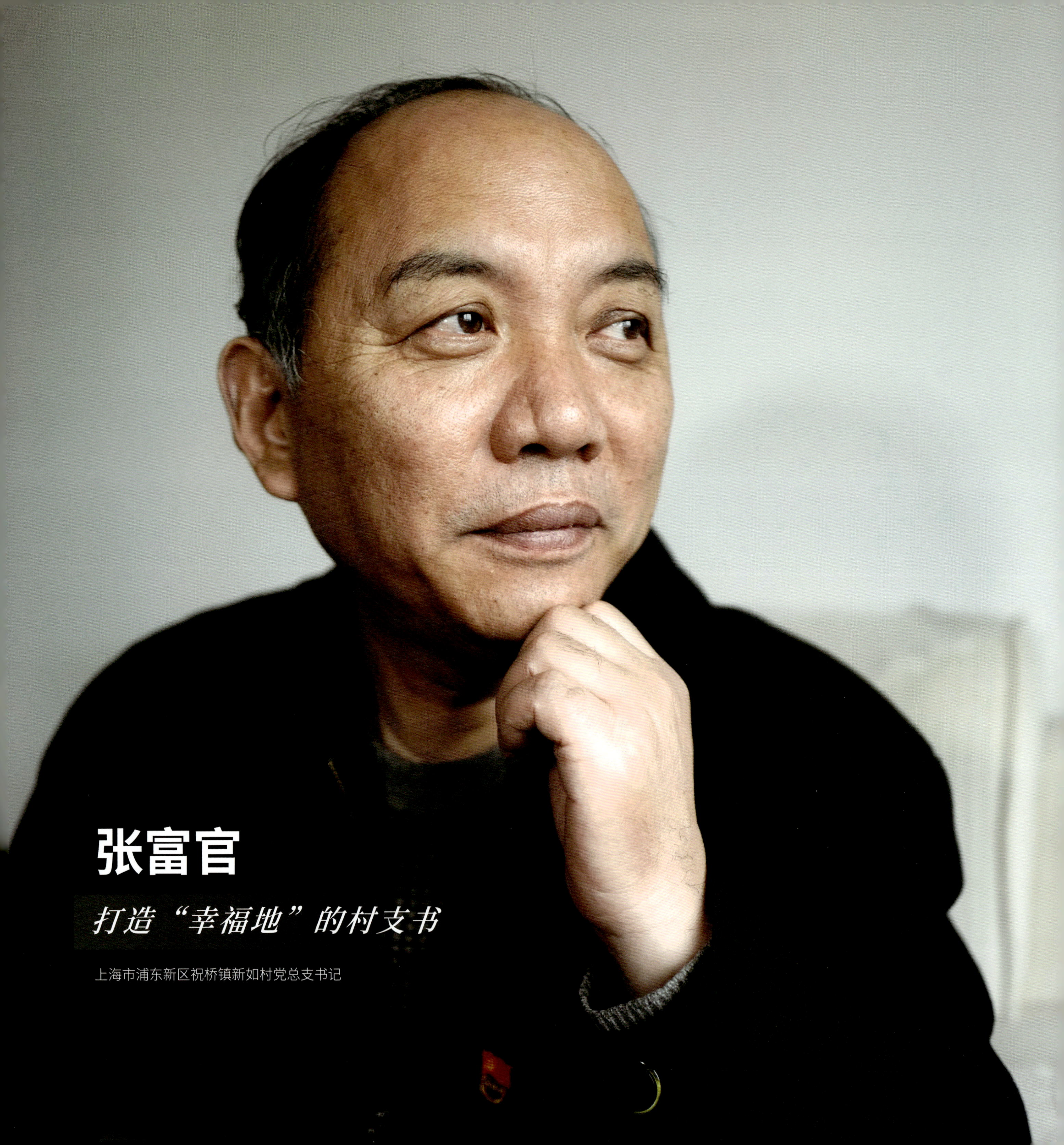

张富官

打造“幸福地”的村支书

上海市浦东新区祝桥镇新如村党总支书记

用脚丈量百姓的幸福地

"张书记，我们家门前的道路何时拓宽？""我们小组的健身场所啥时建成？"

又是一个工作日的早晨，张富官的办公室里异常热闹，10余名村民早早在张书记办公室"挂号"排队反映问题。像这样的早晨，只是张富官担任村书记22年当中的一个。

张富官于1987年到农村工作，先后担任立新村、新如村党总支书记。22年来，他深入调研、用心倾听、用情服务、用脚丈量3个村共8000余名老百姓的幸福地。

新如村是农业大村，情况较复杂。到村工作的第一件事，他带着村两委班子成员，挨家挨户访遍全村1566户村民，调研出问题80余个。不仅识人认门知民意，而且用心用情解民忧。

一天，张富官来到82岁高龄的姚老伯家，老两口相依为命，生活清苦，还没有安装自来水，依然喝井水。张富官吊起井水喝了一口，又苦又涩，当场跟两位老人说："现在井水不卫生，该喝自来水了，明天我就让您们喝上自来水。"当天，张富官赶到祝桥水厂帮老人开了户，接通了自来水。第二天，姚老伯夫妇提着一壶烧开的自来水来到村委会，一定要请张书记品尝第一口"幸福水"。

在党员和村民眼里，张富官不仅是"为民书记""风雨书记""廉政书记"，而且是"创新书记"。2015年，他带头创立了劳模创新工作室，推出了由党员责任人、村民组长、村民代表组成的"铁三角"民主议事模式，推行"党员积分制"管理，推行"家门口"服务体系建设，让新如村成为方便村民办事活动的"如意之家"。老百姓们都夸赞他是"为民的好书记！"

是民事调解员，也是农民大管家；无论何时都顾全大局，为民解忧；事无巨细抓建设，创新改革建示范；他守住了初心，建好全村的"如意之家"！

张 榜

城市建筑诗人

上海经纬建筑规划设计研究院股份有限公司副院长、党总支书记

大爱善举，牵手你我他；潜心设计，振兴乡村建设；数十年如一日，致力援助事业，他用爱托起明天的希望。

让城市建筑充满诗意

"宝贝，你看，这里的房子就是你爸爸设计的！"

每逢节假日，张榜驾车带着女儿外出游玩，途径自己参与规划设计的建筑时，必定会指着不远处那一幢幢造型独特、漂亮的建筑物，充满自豪地说道。

作为一名建筑设计师，张榜始终有个梦想，要把建筑规划设计做到极致，让每一幢建筑充满诗意。他还说，从事的建筑规划设计行业是在为人们创造诗意生活，而创造诗意生活离不开创意。秉持这一理念，每次规划设计建筑时，他都把自己视作一个诗人在写诗。

在他参与临港松江科技城拉斐尔云廊的设计中，建筑既充满诗意又富有创意，最大的亮点是：一张覆盖了 20 多栋楼的屋顶"盖子"，波浪一般高低起伏，波峰波谷之间落差 18 米，总面积 15 万平方米，项目一期、二期云廊总重合计达 14000 吨，号称是全球最大的铝结构屋盖，像一顶硕大无比的牛仔帽。这牛仔帽确实牛得很，竟有 20 多个足球场那么大，其中不少项目是世界首创。

2019 年春节期间，张榜又带领自己的团队加班加点，夜以继日地完成贵州省重点项目之一的文旅综合体项目习水县鳛国文化园，建设规模达 22 平方公里。这里有习水 4000 多年鳛文化沉淀，有以鳛鱼为图腾的古鳛国人以"鳛"（习的古字）为姓沿长江而下的迁移故事。这次，张榜让自己的"诗"与中国的传统文化成功地作了嫁接。

一个优秀的城市规划，不应只是面上的工程，而是需要真正考虑如何为城市发展添砖加瓦，让人民群众栖居在一座充满诗意的城市。张榜是这样想的，也是这样去身体力行努力做的。

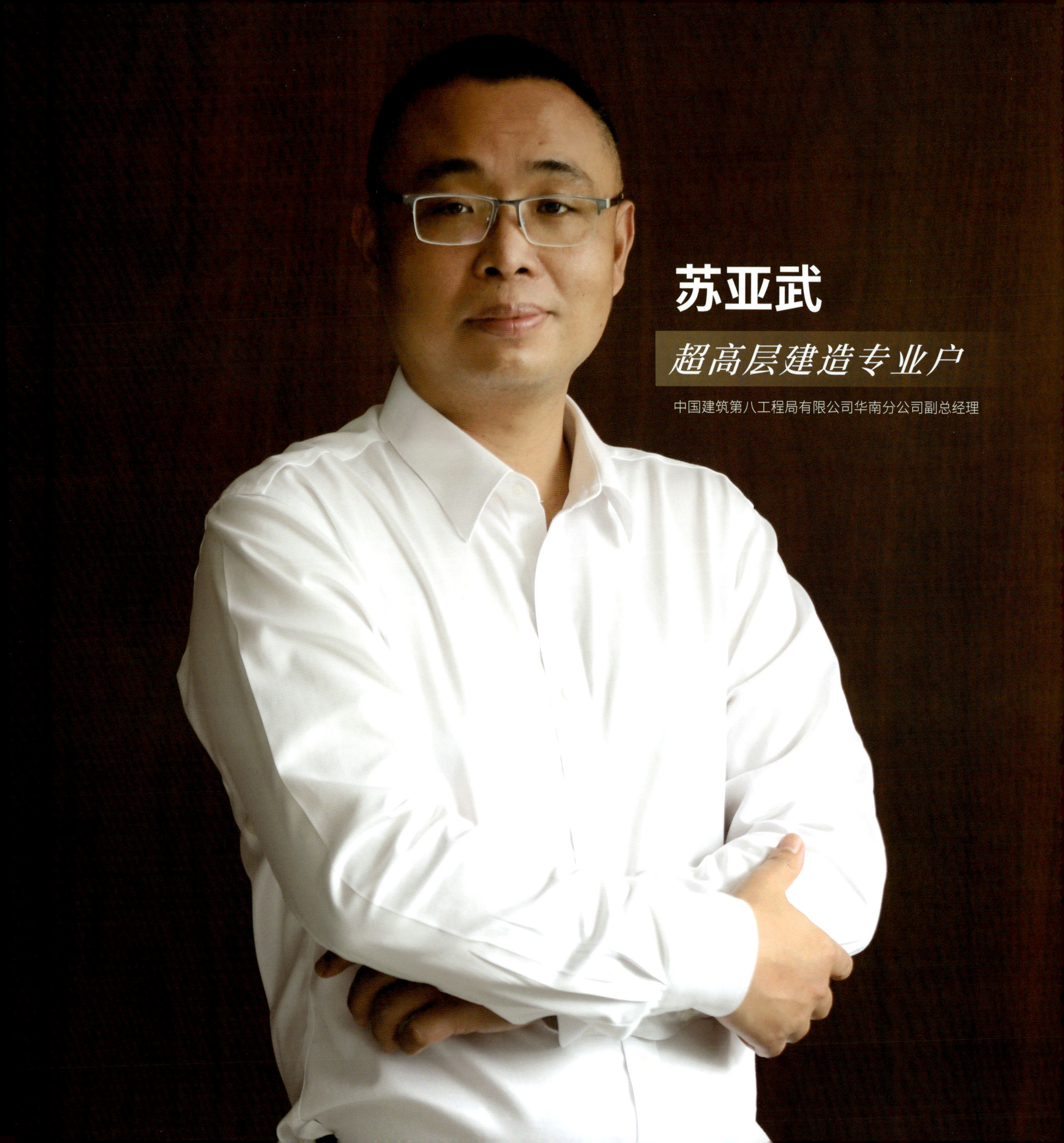

苏亚武

超高层建造专业户

中国建筑第八工程局有限公司华南分公司副总经理

从拼积木想出的点子

三个昼夜，苏亚武在工地里盯着图纸上那个钢构件，默默思考着。

这一8米长度范围内，要实现90°以上扭曲的钢构件，画图的人不会想到，这个在图纸上占据不到1平方厘米的小玩意儿，难住了苏亚武整整3天。

很晚回家后，苏亚武坐在沙发上，看着儿子手里摆弄的积木，随口问了句："这是个啥？""LEGO（乐高），保时捷911。"儿子回答。他随手拿起了一块零件摆弄着。与一般积木不同，乐高积木的部分零件都是量身定做，允许有一定弧度，但最终成型时，靠的还是凹凸拼插来实现。手中这块蓝色零件，正好是保时捷911引擎盖上的一块，弧形角度达到了15°，借助许多块类似零件，最终完成流线型的引擎盖。

"有了！"苏亚武拿着玩具转身就冲出家门，全然不顾妻子孩子在背后的叫喊……

"化整为零，逐个加工，拼装成型！"灯光通明的项目部会议室里，苏亚武不停重复着这三个词，打着哈欠的年轻人都还没有反应过来。苏亚武从包里摸出来快散架的玩具，七八下就拼出了引擎盖。"我们老是把这个钢构件看成一个整体，何不将这个整体按照不同受力点分为不同区域，分段分次加工成型，我们只需要保证拼装时的整体强度就可以。"年轻人愣了一会，张大了嘴："喔！原来是这样！"

点子迅速演化为图纸，进而拿到了厂家的桌面上，接下来的2个月时间，苏亚武为了方案的可行性与厂家反复沟通，经过制作样箱、定尺下料、二次焊接等数十道工序，专门模具正式问世，逐个点位压制成型。这个困扰了大家数月之久的钢构件，最终成为了现实。

建筑的高度可以丈量，梦想的高度无可量度。只有精益求精，勇于创新，以中国智慧实现中国建造，让世界瞩目，全球卓越。他将以"建筑人"的永恒底色，信念笃定，一往无前，成为中国超高层建筑的逐梦者！

李章林

大盾构先锋

隧道股份上海隧道工程有限公司分公司负责人

国之大匠，"隧"月与共，凝心聚力，攻克艰难，像一个魔法师，也像一个乐高师；破重重难关，打通城市"脉络"，总是将挑战变成一个个经典案例。他的故事已与上海隧道融为一体！

用"心"探索的实干家

李章林一直有个梦想，以极致驾驭，让中国的隧道事业为世界所瞩目。

2015 年 9 月，李章林团队承建的诸光路隧道正式开工。预制构件拼接技术拥有低碳、节能、环保、高效的优势，此时已具备应用基础。

"我们将要做全球首条双层全预制拼装型隧道！"当李章林提出这个目标时，团队中有跃跃欲试的，也有忐忑没底的……毕竟是还没人尝试过的领域，李章林敞开心扉，挨个和大家交流想法，回答疑惑。最终，大家统一了思想，干劲十足地投入隧道建设。

李章林和团队自主设计开发六自由度的机械手，以满足狭小空间内预制安装的精度要求；设计出钢筋定位盘，保证基座预留钢筋定位的精准，奠定整体预制拼装结构基础；用"乐高式"拼装工艺，将传统的隧道结构化整为零，预制拼装率达 90%，大大缩短工期，减少环境污染。

首创的技术方式，没有可借鉴的经验，李章林迎难而上。

有一天，隧道内现场拼装时出现突发状况，特制起吊行车在过程中出现溜车现象，预制车道板起吊高度达不到指定高度，预制车道板摇晃严重导致安装精度降低……这一切，在试拼装时没有遇到。

李章林第一时间赶到现场，仔细检查设备，认真比对图纸，多年的经验让他很快锁定几处问题。然后他拿出了一套整改方案，大家迅速按照方案执行，很快传来好消息：问题成功解决啦！ 44.1 吨的构件稳稳地吊起，安装精度误差控制在 0.1%！

在李章林的指挥下，4 年后诸光路隧道顺利建成通车，首次实现了盾构隧道结构全预制拼装施工。

王卫东

城市建设的地下尖兵

华东建筑设计研究院有限公司上海地下空间
与工程设计研究院院长兼集团执行总工程师

九层之台，起于累土。作为"深耕"地下的建筑工程师，为广袤的城市地下空间开发保驾护航，为一座座万丈高楼拔地而起夯实根基。挑战最深桩，护航最高楼，不断创新，突破极限，一次次刷新了建筑的高度，也刷新了自己的人生高度！

挑战最深桩 护航最高楼

大家都知道"万丈高楼平地起"，但恐怕很少有人知道"要建造 600 米的高楼，基础到底要多深"。对此，20 多年来致力于地基基础工程、地下空间工程的王卫东给出的答案是："从地面算起的话，桩基深 90 米，相当于近 30 层楼倒插地下。"当然，这并不是臆测，而是源自他和团队的"成名作"，中国第一座超过 600 米的摩天大楼——上海中心。

上海中心设计之初，团队想到了原来在金茂大厦和环球金融中心所采用过的钢管桩方案，但这一方案存在打桩噪音大、挤土效应、造价高昂等弊端，根本无法照搬到工程中。以往的经验根本不适用，项目周期极为紧迫，难关攻克迫在眉睫。

此时此刻，急需一个创新的声音！

王卫东提出了一个极具挑战性的方案：用钻孔设备在地层里钻出深 90 米、直径 1 米的孔，然后将一个与深孔差不多大小的"钢筋笼"吊入孔内，最后灌入混凝土。等混凝土凝结，一根以土地为模具的巨型钢筋混凝土桩就完成了。这种名为"大直径超长钻孔灌注桩"的地基技术，难点藏身于各种细节之中。要知道，在此之前的超高层建筑钻孔灌注桩的深度几乎很少突破 70 米，承压一般不超过 1500 吨。这意味着，为了挑战高度的极限，桩的长度、直径、强度也都要同时大幅度刷新纪录。在此之后至今，中国沿海、沿江和中西部区域城市，超高层建筑仍在不断拔地而起，上海中心的深基础工程有着深远的示范意义。

如今，王卫东带领的地基基础与地下工程团队，已经成为无可争议的国内第一梯队，为一座座高楼林立的城市"保驾护航"。

李 迴

建筑一线"孺子牛"

舜元建设（集团）有限公司副总工程师

破解技术难题的"密码人"

"塔式起重机基础格构式钢立柱定位偏差大，请李总帮助解决！"

2016年上半年，集团公司漕河泾现代服务业集聚区二期项目部施工建设中遇到了技术难题，向李迥总工程师求助。李迥得知这一情况时，距离该形式塔吊基础现场实施时间不足半月，留给大家解决这一问题的时间极其紧迫，他率领团队立即投入破解技术难题的"密码"工作中。

与时间赛跑，他不分昼夜在施工现场和办公室奔波，来来回回多少次自己也无从记清了。从问题原因分析到方案制定，从装置设计到工厂加工制作，从现场定位安装到最后施工过程的监视测量以及控制，他都亲力亲为，不忽视任何一个环节。装置亲自测一测、读数亲自看一看，就是最简单的定位画线，他也要过目一下。看到他严谨细致的工作作风，同事们对他说："李总，小的事情您放手让年轻人做吧！"他说："不是我不相信年轻人，而是自己亲自参与了，心里面踏实更有底。"大家十分佩服他认真负责的工作态度，在他带领下，施工技术难题被解决，避免了后期施工费用增加问题，更是保证了起重机械的运行安全。

"越是解决了技术难题，就越有成就感。"这是李迥的人生价值追求。从业20多年，他与工作团队解决和攻克了大大小小上百项施工技术难题，取得了多项研究成果。2017年"李迥建筑施工创新工作室"被命名为上海市劳模创新工作室，他本人也荣获了2019年首届工程建设行业杰出科技青年称号，集团公司在他积极组织策划下，2015年首次、2018年再次成功取得国家高新技术企业称号。

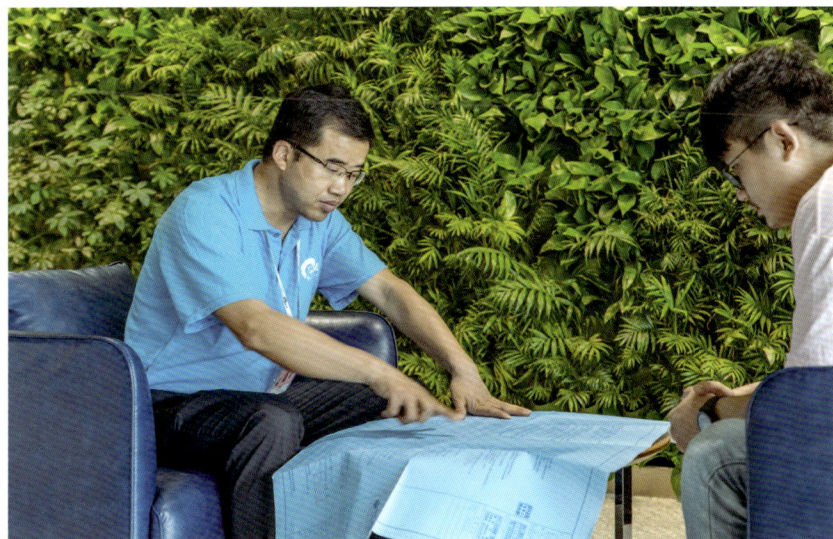

从零开始，技术管理一手抓，从心开始，浇灌梦想之花；二十载建筑路，奋力向前从未退缩。他是奋战一线的"孺子牛"，他是超级工程的"攻坚者"。历经风雨，一点一滴实现自我价值；默默无闻，一层一层垒砌城市梦想！

陈晓明

爱"登高"的工程师

上海市机械施工集团有限公司副总裁、总工程师

632 米，中国人第一次让建筑突破到 600 米以上，用超高层钢结构绿色建造，为市民带来更为环保、舒适的未来空间。从"第一高塔"到"第一高楼"，他始终冲在最前沿、攀到最高处，只为把核心技术掌握在中国人手中。"上海的建设者，就要有这股劲！"

爱"登高"的工程师

陈晓明爱"登高"，项目建到几层，他就爬到几层。

这个习惯是从中国第一高塔——广州电视塔建设过程中养成的。当时，博士毕业没几年的陈晓明被他的师傅——全国劳模、原上海建工机施集团总工程师吴欣之"盯住"了："小陈，你要让工人爬脚手架，你就得自己先上去'探路'，证明你的方案没问题！"

陈晓明抬头看了看盘旋入云的广州塔，内心升起恐惧。多年以后，已是总工程师的他回忆起当时的场景，笑着说："我是怎么爬上去的？真的紧张到完全忘记了，反正我的恐高症就是那时候治好的。"

陈晓明主攻建筑钢结构施工和配套装备研制工作，长期致力研发钢结构施工领域自有核心技术，并运用于施工实践。他先后负责、参与了北京国家大剧院、上海铁路南站、广州塔、上海中心大厦、国内首例超大尺度 3D 打印景观桥等 30 余项重大工程建设。这些高大建筑施工，陈晓明始终冲在最前沿、爬到最高处。他说："科学知识、工程理论一定要与现场实际相结合。我这高度近视眼爬上去都没问题，说明我们的方案是可行的，一线建设者的安全也是有保障的。"

管理者、设计者身先士卒，换来一线建设者的衷心拥护和工程品质的严格受控。上海建工在圆满建成"小蛮腰"的同时，没有发生一起工伤事故。

这些年，陈晓明主持参与省部级及以上重点攻关课题 24 项。先后获得上海市优秀技术带头人、中国钢结构三十年杰出贡献人物等荣誉，入选"国家百千万人才工程"，由他领衔的"数字化建筑施工劳模创新工作室"被授予"上海市劳模创新工作室"。

张 郁

地铁"神医"

上海申通地铁集团有限公司上海地铁维护保障有限公司通号分公司总经理、信号技术总监

一直在城市"第二空间"默默奉献，领团队多次完成高难度"神经外科手术"，他就是专治疑难杂症的地铁"神医"。质量重于生命，隐患坚决排除，地铁的平稳与安全，就是他交出的无声答卷。

专治地铁疑难杂症

上海地铁，城市的"第二空间"。

张郁负责的通号设备，就是设备的通信和信号传递，看不见，摸不着。

2019年6月26日清晨5点40分，睡梦中的张郁被一通电话吵醒。上海地铁启动五级预警，巡道列车在人民广场站因道岔故障被卡在轨道上动弹不得。作为三线换乘的核心车站，故障不消除，后果不堪设想，张郁火速赶往车站。

在现场，张郁经过仔细观察，冷静梳理出三个解决方案：一是强行动车，大概率破坏道岔，太冒险；二是用千斤顶将列车复位，早高峰，等不起；三是手动调整道岔，让列车尝试倒车。最后一种方案的成功率最高，张郁当机立断："上！"他和同事们俯下身，一丝一毫地精确调整道岔位置。他高举右手，向司机打出手势，列车果然慢慢倒出故障区域，运营赶在早高峰前恢复了正常。

8号线延伸段开通试运营期间，由于设备不稳定、设计不合理等原因，列车走走停停、停站不准，对运营造成严重影响，引起市民与媒体的广泛关注。

张郁了解情况后，带领技术骨干一头扎进车站，通过人工下载近百辆列车的运营数据，逐条分析反推代码，制定可行的整改方案。在一年时间内解决列车走走停停的问题，两年时间内解决列车停站不准的问题，三年实现了运营间隔进入180秒大关。张郁将"上海经验"分享至全国轨交行业，让他们从源头上少走弯路。

2018年，张郁以运营增能为切入点，尝试"边运营、边改造"的"零感知"设备升级。他克服新老系统不兼容等瓶颈，使得9号线成为全国第一条最短间隔突破2分钟大关的地铁线路。

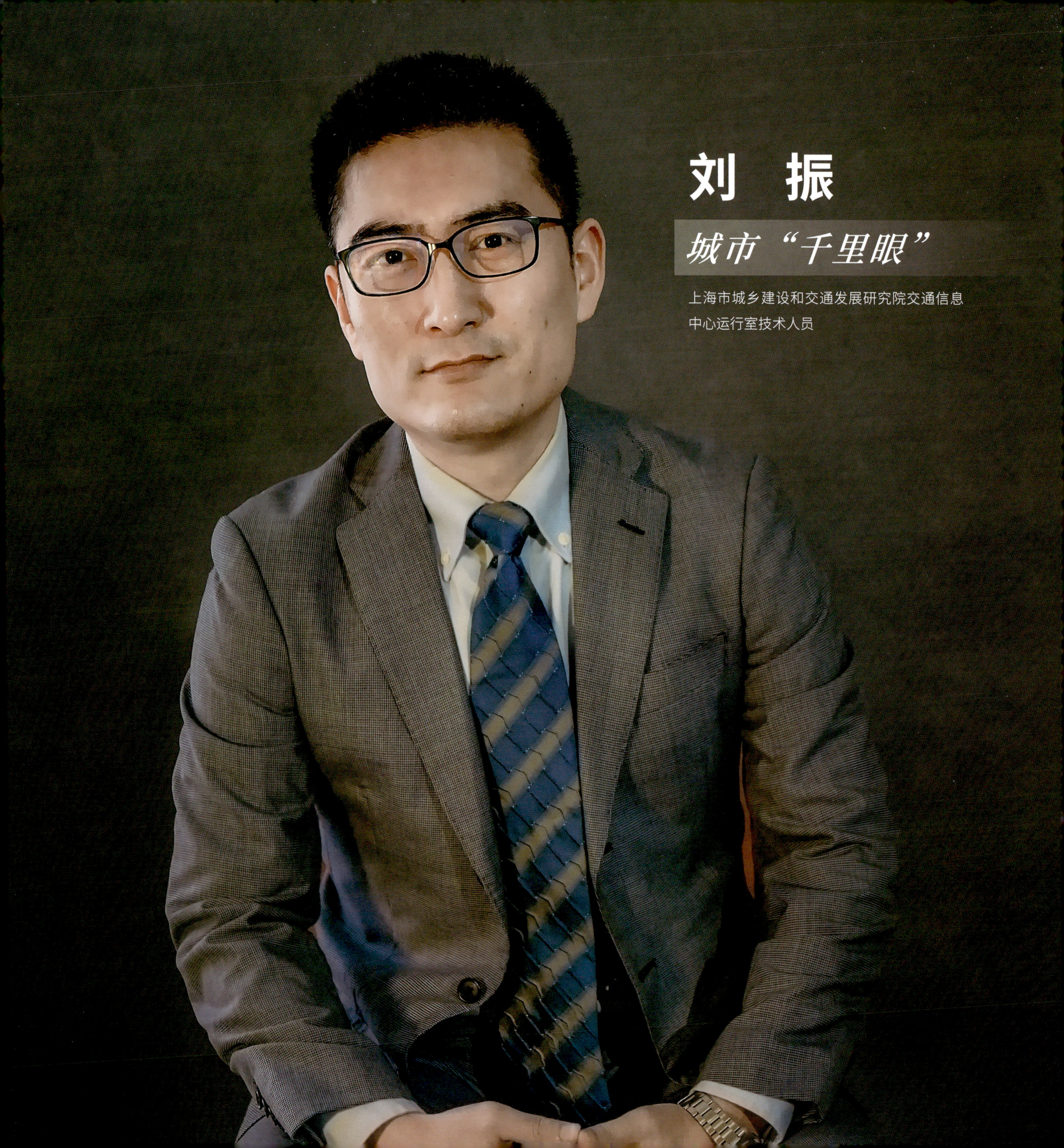

刘 振

城市“千里眼”

上海市城乡建设和交通发展研究院交通信息中心运行室技术人员

主动请缨迎挑战

像往常一样，刘振坐在电脑前对交通信息数据进行分析研究。这时，他听到了同事的叹息声："地面路口指数年均线数据程序运行起来比蜗牛爬还慢，太耽误事情了。"

说者无意听者有心。刘振思考后发现，如今由于交通事业的快速发展，本市交通卡交易数据、出租车 GPS 数据、高架线圈检测数据，以及网约车、共享单车等新生事物出现，使得数据种类和数据量成几何倍增长，一些原有的数据算法已渐渐"失效"。对此他找领导："能否让我试试再造数据处理架构？"技术变革总会伴随着风险，经过中心领导慎重讨论，最终还是决定将交通信息数据处理架构再造工作交给刘振去开发。

再造数据处理架构并不是一帆风顺的，但刘振和他的同事们努力探索，总能找准问题瓶颈点，从而优化解决。有时在凌晨二三点钟浮现灵感，他便一路狂奔到单位去做测试；有时为了处理好某个数据软件，他会废寝忘食而不顾身体。如何根据 GPS 数据准确判断车辆在高架上还是高架下？如何利用牌照识别系统获取车辆行驶特征？如何融合交通卡数据获取公交和轨交客运特征？这些技术上的新问题、难点题，最终被刘振和他的同事们一个接一个给攻破。

在刘振和他的同事们的努力下，依托新的交通数据处理平台，完成了《道路交通指数系统构建与应用关键技术研究》等重要课题研究。在进博会交通保障、新型冠状病毒疫情的防控中，为政府部门提供有力的数据支撑，也为决策提供了依据，上海交通信息中心也成为城市交通信息化管理的引领者。

数据管理、分析、调优……安全通畅交通的背后，是云端的精准监测。作为技术骨干，他用 10 万行程序的编写，助力智慧路网管控，让城市"千里眼"看得更远、更清！

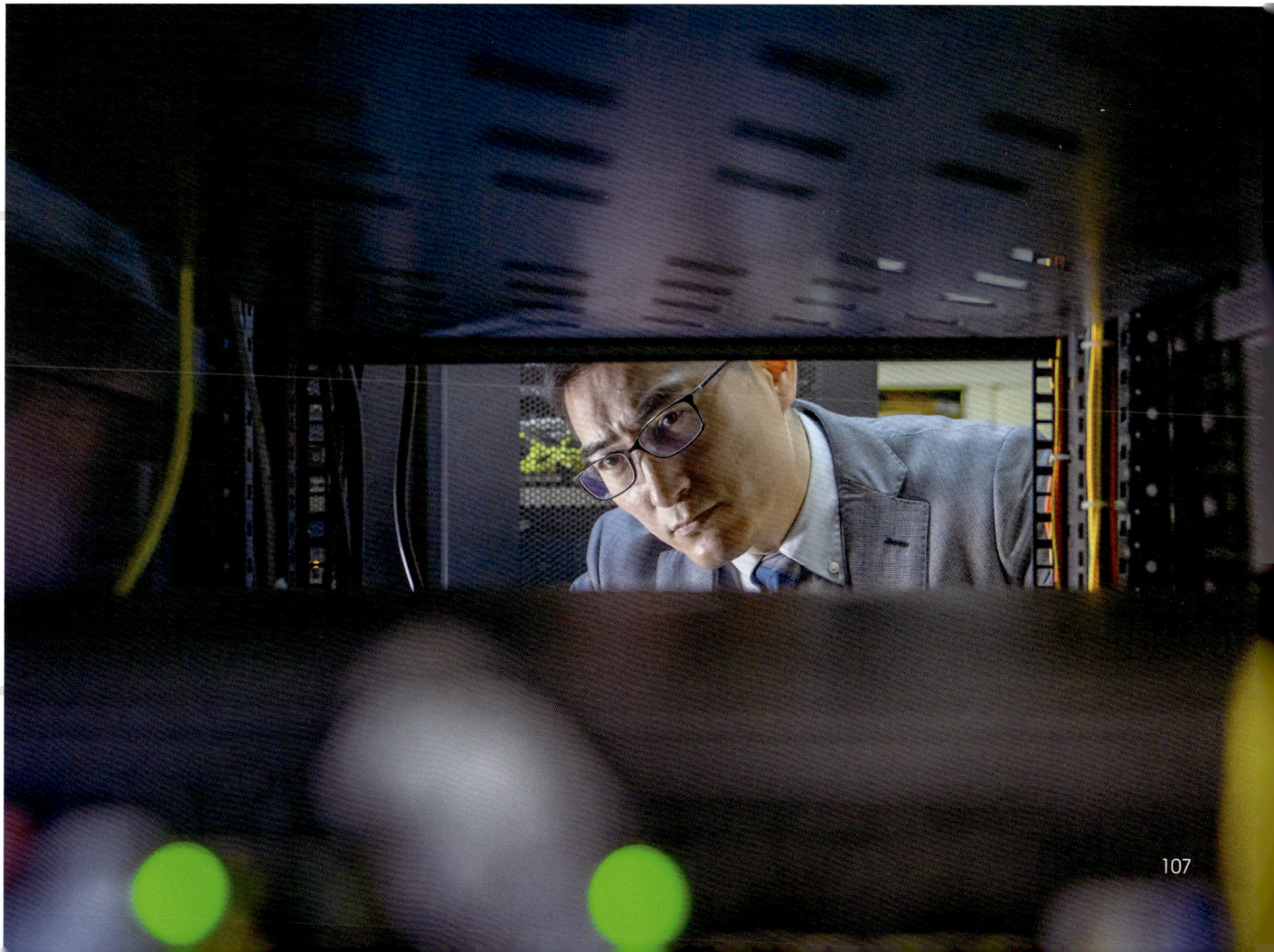

张 华

高铁运维的"探路者"

中国铁路上海局集团有限公司上海动车段工班长

肩上有担当，脚下有征程，零差错调试高铁车辆 500 余列；从"和谐号"到"复兴号"，用专业保障运行安全；从基础运维到自主构建技术体系，是无数铁路人不懈奋斗的缩影，亦是中国高铁领跑世界的力量所在！

不畏困难攻破技术难题

春运客流高峰的某一天，张华正在对一列高铁列车进行全方位的功能验证。此时，旁边停车线上的一辆车引起了他的注意："小沈，这车上午 9 点就该开走了，怎么现在还……"他一边问一边急忙联系负责同事，话音未落却被打断："哎！老毛病，网络监控模块故障，车子趴窝，已经紧急启用备用车辆了！"

同事说的"网络监控模块"，是动车组上监控通讯和温度的重要装置，一旦故障，整列车就无法运行。当时，该模块核心技术由国外掌握，进口价格昂贵且只接受批量定制，供货数量和时间都由对方说了算。我国高铁总量占世界 2/3，对该模块的需求缺口很大，加之随着动车组运营年限增长，模块日益疲劳老化，一旦故障车辆无法上线，万千旅客的行程将受到影响。

"决不能受制于人，必须拿下核心技术！"他带领团队通过大量试验寻找监控模块的故障规律，自主搭建测试平台完成抗干扰、强电磁冲击等 10 余项功能测试，最终在国内率先实现了该模块的自主检测维修。

2020 年初，受新冠肺炎疫情影响，网络监控模块进口渠道断货，但长三角铁路却没有一组车因为该模块故障影响运行，张华抢修好的一批批关键部件，保障了医护人员和防疫物资的及时输送。

这几年，张华带领团队突破一道道技术壁垒，攻克高铁运维领域核心技术 37 项，推动构建具备自主知识产权的部件及维修技术体系。截至 2019 年，由张华主导调试的高铁累计零差错突破 500 列，经他手调试的高铁列车，每天承载着数十万旅客，既快又稳地奔驰在祖国广袤的大地上。

盛 弘

国际社区的"大家长"

上海市长宁区虹桥街道荣华居民区党总支书记

"彩虹之桥"志愿服务中心

志愿者服务时间

工作日 上午 8:30~11:30

下午 13:30~16:30

擦亮社区"宣传"之窗

　　长宁区虹桥街道荣华居民区有近2万名境外居民，占居民总数一半以上，有"小小联合国"之称。

　　今年新冠肺炎疫情突如其来，大家"宅"家的日子里，盛弘和居委的社工小伙伴们却24小时在社区一线连轴转，守护中外居民的万家灯火。为了让中外居民更多、更主动地站出来争当社区志愿者，在市区支援的小语种志愿者还未到岗时，一天晚上，有份宣传材料急需意大利语翻译，盛弘想到了社区里一位热心的意大利全职妈妈安吉拉。收到盛弘的消息后，安吉拉立即安顿好三个孩子，如约将翻译好的内容发过来，当时已经过了夜里11点半。第二天，盛弘在小区正门口遇到正在做测温志愿者的安吉拉，两人虽然都戴着口罩，但一眼就认出了对方。盛弘说："中国有句俗话，叫眼睛是心灵的窗户。"安吉拉说："意大利语中也有一句类似的话，眼睛是灵魂的镜子。"中意两国的文化此刻在小区门口发生了交融，中外友谊的花朵在社区处处绽放，也成为向世界宣传上海和中国防疫成效的基层之窗。

　　3月6日，上海在两大机场实行境外人员集中转送的第一天，从凌晨开始，盛弘的微信消息就接连不断。有凌晨抵达小区的英国居民情绪不稳定，有半夜回到小区的韩国母女语言不通无法顺利完成信息登记……除了要应对这些情况，每天还有大量排摸登记和居民安抚等工作需要完成。从3月初上海启动机场人员转运，直到4月初所有境外回沪人员全部实行集中隔离，持续着"白加黑"的工作状态，盛弘没有一丝抱怨，默默付出，尽显担当。她说："我们在基层社区把工作做好了，就是让党和政府放心，让居民群众满意。"

　　融合，是社区文化最和谐的元素，面对如"小小联合国"的环境，她多年耕耘，融情共治，与洋居民排《西厢》也聊美剧，将"古北生活"打造成国际社区典范，彰显大国风范与国人智慧。

苏 嵘

"女汉子"书记

上海市徐汇区田林街道长春居民区党总支书记

走千家串万户，聊家长里短，遇到"急愁难"问题，她始终冲在前面。付出的真心越多，收获的真情更多，看见别人笑，她就很快乐，像阳光一样，温暖了每个人。

洒向社区都是爱

2020年1月22日下午，正准备春节值守和迎新工作的苏嵘突然接到紧急通知，她所在的长春居民区发现新冠肺炎确诊病例。患者从武汉来沪，丈夫是疑似病例，女儿属于密切接触者，女婿已回湖北因疫情无法返沪，家里有一个7岁孩子。这是上海最早的确诊病例之一，没有现成经验可以借鉴，隔离期间他们怎么吃饭？生活垃圾怎么办？如果三个大人都确诊，孩子怎么办？如何安抚居民……

苏嵘一边汇报、配合消毒工作，一边戴上口罩手套、穿上一次性雨披，来回穿梭在小区和病例就诊医院。之后的10多天里，苏嵘每天白天像一个无畏的战士在小区里忙碌着，为密接者买药、送饭、扔垃圾，义无反顾冲在最前面；每天晚上，将近半夜才到家的她却依赖安眠药才能入眠。直到确诊患者出院，密接者解除"警报"才稍稍放下心来。

2月6日起，上海开始发布确诊病例涉及区域，苏嵘马上召集党员、楼组长等骨干，把小区确诊病例的情况让党员先知先议，通过他们做好居民工作。对病例所住的楼道，她一户户上门安抚，使整个小区平稳渡过难关。

作为一个有着多年社区工作经验的老书记，苏嵘经历过"非典"和"禽流感"的防疫工作，这次疫情来袭，她迅速反应、及时处置，为了让居民安心过年，自己一个月都没有休息。她还制作了防控工作记录，把每天该做的事、要做的事，确诊家庭的心理状况以及自己的感想作简单记录、总结，从中归纳出一些经验。在她的带动下，许多党员、志愿者都主动加入防疫一线，把社区建成了疫情防控的坚强堡垒。

陈凤英

万人小区的守护者

上海市浦东新区宣桥镇艺泰安邦居民区党总支书记

在忙碌的社区里，有一个身影穿梭楼群间，带领了一支不可战胜的力量，迎来晨曦送走晚霞。她不是医护人员，却时刻战斗在抗疫一线。防控就是责任，社区就是前线，形势严峻，刻不容缓，唯有万千牵挂，守护住了上万人的一片安宁！

乐为居民解烦忧

"陈书记，你别劝我，宝宝才2岁离不开我，我要留在这陪他。"

那晚6点半，一阵急促的电话打来，正在小区执勤的陈凤英接到镇防控办通知：小区居民李其美的儿子因发热入住浦东医院，但入院近一周核酸检测暂无定论，考虑到陪护人员的安全，区疾控中心要求她转移至其丈夫等所在的5号隔离点进行集中隔离，但李其美因诸多考虑拒绝配合。"其美，我知道你担心，但正因为孩子需要你，你才更要先保护好自己啊！不然到时孩子没事，你却累倒了，谁来照顾他？医院有专门针对幼儿的特殊照护，我也会每天联系了解孩子的情况第一时间告诉你……"将心比心、苦口婆心的劝说，耐心细致、和风细雨的安抚，李其美终于点头答应。一阵忙活完，时间已近半夜，陈凤英脱下层层隔离防护服，隔着口罩长舒一口气，衣服都拧出水来了。

"多亏了陈书记，孩子的状况一天比一天好了。"这是小区内一户"高知党员"家庭发自内心的感慨。原来，由于对孩子的教育产生分歧，夫妻俩常为此矛盾争吵。久而久之，生性敏感脆弱的大女儿感到孤独压抑，竟患上了厌学忧郁症，甚至几度出现轻生举动，孩子所在的学校也提出先让其休学的想法。陈凤英看在眼里急在心里，隔三差五上门劝慰孩子、开导家长，并多次到孩子学校作沟通，请求学校在特殊时期给予孩子更多关心关爱，还想方设法拜托身边朋友寻找专业医生进行治疗。在陈凤英的帮助下，这名初中女生最终顺利完成了新学期期末考试，家中往日的欢声笑语又出现了。

毛琦敏

纳税人的"贴心管家"

国家税务总局上海市静安区税务局第一税务所

四级高级主办

从码算盘到无接触式办税

她三十年如一日坚守在第一线

她是办税服务厅里的"一杆旗"

是纳税人口中的"贴心管家"

她的身影是税务人忠诚担当的缩影

她的脚步是税制改革成长的历程

在平凡的时光里守望着兴税强国的崇高使命

在燃烧的岁月里书写着不负韶华的"税"月华章

纳税人的贴心人

　　今年春节假期结束的第一天，静安区税务大厅比往年冷清很多。当下班铃声响起时，毛琦敏还有点不太习惯。

　　这些天来，她脑子里一直在想，如何在疫情期间确保企业能按期申报，让企业在第一时间了解国家出台的优惠政策，做到应享尽享？

　　"叮铃铃……"一阵急促的铃声打破了她的思考。毛琦敏回过神来刚拿起电话，对方就迫不及待地讲起自己遇到的问题。原来对方是上海某贸易公司财务人员，因不熟悉差额征税申报表填写方式，在网上卡壳了。虽经多次尝试仍操作失败，无奈之中想到了毛琦敏，向他们心中的"贴心管家"求助。

　　毛琦敏一听，就知道问题出在哪里。她一边安抚纳税人，一边打开电脑金三系

统了解该企业以往的申报情况，远程指导纳税人在电脑上按步骤一步步操作，经过1个多小时的耐心指导，申报顺利完成。在对方连声道谢后，毛琦敏挂断了电话。此时天早已暗下来了，但毛琦敏心里觉得特别明亮。拿起手机一看，好几个未接电话都是爱人打来的，她连忙回电让家人放心才离开工作室。

　　然而，谁能想到，这位在纳税人面前侃侃而谈的税务"老法师"，5年前却是一位同病魔顽强斗争的甲状腺癌患者呢？！

　　这就是毛琦敏，一个三十年如一日，全心全意为纳税人排忧解难的税务工作者。

方 进

上海好司机

上海巴士第三公共交通有限公司驾驶员

乘客利益装心中

不忘初心，"方"得始终；逆水行舟，不"进"则退。这是方进从自己名字里悟出来的职业信念和追求。

方进进入公交队伍以来，始终将乘客放在心上。

首次投入使用的中运量71路公交车，车身长18米，让原来驾驶柴油车掌握的靠站技术用不上了。车门与站台之间虽只有一个拳头的距离，却给老年乘客，特别是推着轮椅上下车的乘客带来困扰。方进发现后，虚心向老师傅请教停靠站窍门，利用下班时间在停车场地上练习。功夫不负有心人。方进每次停靠站，车门距站台距离都在30厘米内，使老年人、残疾人再也不用担心上下车了。

这仅仅是他为乘客提供服务方便的一个缩影。

2018年9月一天早上，方进驾车途经西藏路站停靠时，一位50多岁的阿姨从天桥楼梯上一路跑下来赶车时，不慎摔了一跤。

这一跤，摔在阿姨身上，疼在方进心里，让他好几天都没睡好。方进再次发现，中运量公交车车身长，驾驶员很难通过后视镜照顾赶到的乘客。车上虽有乘务员，但驾驶员与乘务员互相交流同样困难，尤其是在高峰大客流时。

如何解决这一难题？小时候乘公交车时，售票员挥舞小红旗等乘客赶到的做法，引起了方进的兴趣。他和乘务员一起，在原有基础上，经过摸索，形成了具有71路中运量特色的"慢字旗工作法"。

现在71路靠站时，乘务员会在站点伸头瞭望，举旗招呼，引导刚赶到的乘客上车，直到无乘客上下车再收旗关门。这一小小的举措在71路乘务员中推广后，取得了三个"百分百"的明显成效：百分百无屏蔽门夹伤乘客、百分百升降杆无失误、百分百照顾刚赶到的乘客，受到广大乘客一致好评。

车厢小世界，人生大舞台

他是最美退役军人

也是车厢里的"工匠"

独创了"慢字旗语"

做到了服务零失误

他说，线路有起点，服务无终点

握住方向盘，就得守住每一个生命

辛丽丽

最美的不老舞者

上海芭蕾舞团团长

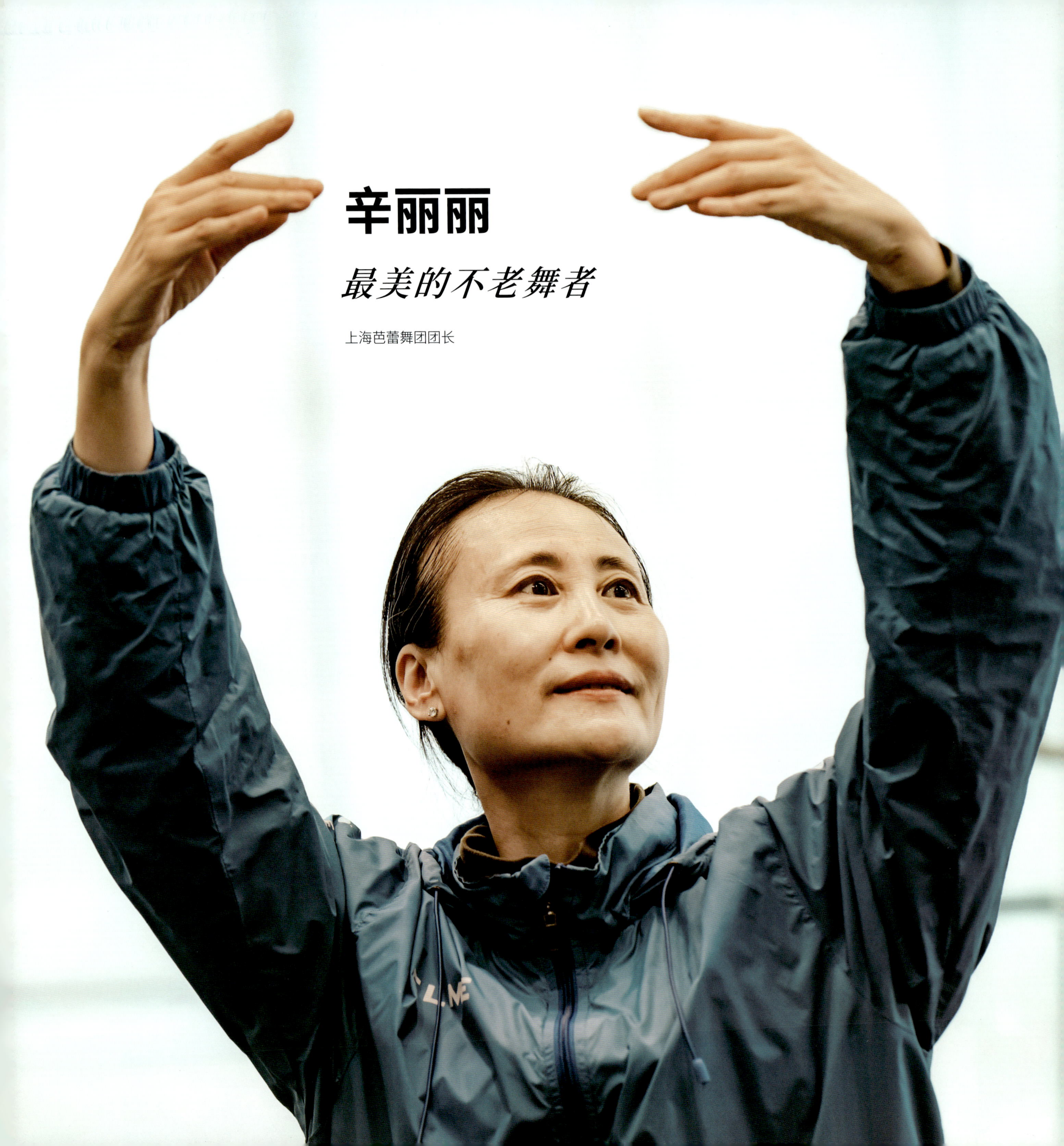

一份终生的职业

一份终身的热爱

志在高山表现峨峨之势

意在流水舞出悠悠之情

用热爱铸成基业

孵化芭蕾艺术的新生力量

用创新引领未来

占领国际舞台的一席之地

她，就是上海最美不老舞者

我选择了芭蕾这份终身职业

"我选择了芭蕾，一份终生的职业、一份终身的热爱，我的成就和幸福都在这里了。"投身中国芭蕾舞事业40余年来，辛丽丽面对记者采访总是这么回答。

作为上海芭蕾舞团团长，辛丽丽以团为家，冲在第一线，十几年如一日为舞蹈事业奋斗着，从不将取得的成绩归功于自己。

对于优秀的芭蕾舞苗子，既当老师又当"保姆"，手把手地培养，先后带出了10多名国际芭蕾大赛金奖选手。

工作再忙，只要有时间，总能见到辛丽丽亲自为"尖子班"演员上芭蕾基训课的身影，确保舞团海派风格的纯正延续。

在培养芭蕾台柱的过程中，辛丽丽坚持"德艺双馨"的标准，在业务上要求演员精益求精，在个人品德素养上更严格要求演员不走样。

遇到新剧创排，辛丽丽更是和大家一起没日没夜地扑在排练厅里，一遍又一遍地精雕细刻每一个动作，为观众呈现上海芭蕾舞团的精湛艺术。

面对新冠肺炎疫情，辛丽丽在第一时间创作了以白衣天使抗疫，彰显医者仁心、人民生命至上为主题的芭蕾作品《天使的微笑》，致敬"最美逆行者"。

在排练中，上芭演员带着口罩坚持排练的宣传图片被网络纷纷转发，引得一片喝彩。"口罩芭蕾"精神一时传为佳话，感动激励着无数人前行。

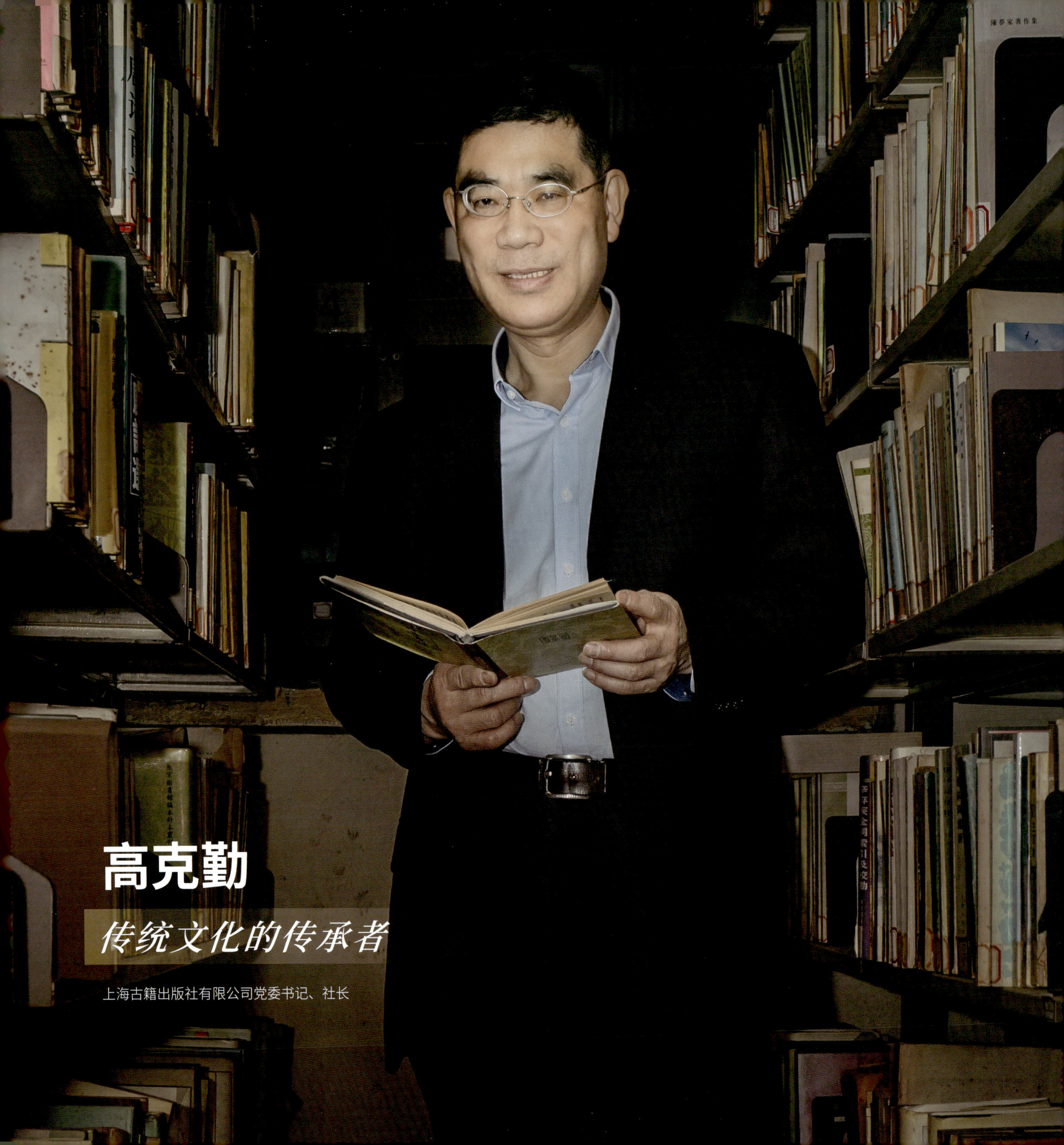

高克勤

传统文化的传承者

上海古籍出版社有限公司党委书记、社长

坚守出版岗位三十多年

打造精品图书成百上千

他是中华传统文化的传承者

他是上海出版品牌的维护者

不懈倡导优质阅读

不断攀登事业高峰

他把自己的生命融进了文化事业里

他给自己的人生赋予了历史使命感

在坚守中传承发展

高克勤，上海古籍出版社党委书记、社长。如何在坚守中传承发展好"团结奉献，开拓创新"的"古籍精神"，一直是缠绕在他心头的一件大事。

机会终于来了。在 2016 年上海古籍出版社建社 60 周年之际，他以社庆为契机，让全社员工在回顾历史中砥砺前行。

他精心策划、推出了"中国古典文学丛书"典藏版等一批代表出版社成就的精品图书；同时组织编写并审定出版了《上海古籍出版社六十年》《春华秋实六十载：上海古籍出版社同仁回忆录》和《上海古籍出版社六十年图书总目录》三本社庆书。

然而，要将上海古籍出版社六十年的历史梳理一遍并非易事。由于历史原因，上海古籍出版社有将近二十年没有专门的社史记录，但这并没有难倒要为古籍出版社留下历史传承的社长高克勤。于是，从人事科、办公室留存的一包包、一叠叠纸张已经发黄发脆的档案和会议记录中，他小心翼翼，就像大海里捞针一样，一张张、一条条地寻找、梳理、复印、剪贴；又不辞辛苦地走访一个个老编辑，请他们从自己保留的日记中寻找和社史有关的内容，力图不遗漏重要的事件。经过半年多的不懈努力，高克勤不仅补上了这二十年的历史，还把出版社四十年的历史也梳理了一遍。

为了这些书的面世，高克勤只能在完成每天繁忙的日常工作后，抓紧时间整理材料，撰写、审定稿件；大事记所有文字的编写和校对都由他一个人完成，他还提出从架构、体例到编辑、版式全方位的改进意见，审定了其他全部书稿，而所有这些，他分文不要，都是义务的。

赵 蕾

讲好中国故事的媒体人

上海东方娱乐传媒集团有限公司公益媒体中心大型活动部总监

因为热爱，所以持之以恒
因为执著，所以勇敢向前
思维敏锐，独具慧眼
用智慧擦出创新的火花
有态度，有作为
讲奉献，讲担当
她是当代媒体人的杰出典范
用晚会"语言"讲述中国故事
用心传递千家万户的幸福之光

和"瑕疵"较真的大导演

"不行，一定要尽快补上油漆。"这是发生在第二届进博会欢迎宴会正式举行前的 3 个小时，容不得任何"瑕疵"存在的赵蕾对在场导演组下的死命令。

按照惯例，那天她带团队过流程时，在各国领导人合影区域发现合影背景板右下角，有一个指甲盖大小的地方没被金色油漆很好覆盖。此时离欢迎宴会开始已经没有多少时间了，在场导演纷纷"出主意"，想说服赵蕾忽略这个小瑕疵，被她一票否决。

她干脆自己拎起漆桶和刷子，趴在地上细致地涂起来。随后和赶到的油漆工一起补好油漆，工作人员清理场地，导演组设置围栏等待油漆全干。

3 小时后，习近平主席夫妇和多位外国元首及夫人一起在这块背景板前合影留念。

1 月 24 日，农历除夕夜，在连续多个通宵完成东方卫视春晚后，赵蕾驱车前往父母家吃年夜饭。车刚开了一半路程，手机铃声响起，一看是领导要她紧急增加录制抗击新冠肺炎疫情诗歌朗诵的节目，而此时离春晚播出仅剩下 24 小时。

事不迟宜。在父母家楼下，她连续打了 10 多个电话通知有关人员，最后一个电话打给了自己的丈夫，告知今年年夜饭又不能和家人一起吃了。

回到电视台，赵蕾一分钟也没耽搁，和各工种负责人一起投入紧张的战斗。创作的诗歌《因为有你》一字未改当场敲定，主持人、摄像、灯光、技术、制片等都第一时间从年夜饭的餐桌上赶到电视台，待录完好已是半夜了。赵蕾把团队送走后，却将自己"留"了下来，"关进"编辑间，和技术员一起再战下半场，直到完成了东方卫视春晚的最终串联才回家。

许 昕

国乒的"直板王者"

上海市竞技体育训练管理中心乒乓球运动员

他是主力，却甘当绿叶
在团体和双打项目上发挥特长
他是直板王者，总能在关键时刻顶上
让国乒固若金汤
他是有伤病却不下火线
仍然坚持战斗的"许三金"
坚定，执着，担当与希望，
在运转球的博弈中点点凝聚光辉
论何"大满贯"，谈何荣辱
心中的信念只有一个：拼搏

一个创造乒乓球神话的人

只要知道乒乓球，就没有人不知道许昕。他是上海市竞技体育训练管理中心乒乓球运动员，更是中国乒坛的领军人物和世界乒坛一颗闪亮的星。

2016 年里约奥运会乒乓球男团决赛，许昕与队友 3 比 1 击败日本队夺得冠军，实现了奥运男团三连冠。同年 9 月，在全国乒乓球锦标赛中，许昕又带伤三线出战，率上海队获得男团冠军，实现全锦赛男团三连冠。

在 2019 年乒乓球赛场上，包括世乒赛在内的多个比赛，许昕都是身兼三项，亚锦赛更是四线出战，堪称国乒最辛苦的人。他与刘诗雯搭档拿下世乒赛、亚锦赛、年终总决赛在内的 6 个混双冠军，搭档孙颖莎、朱雨玲各拿下一个混双冠军。他连续拿下日本、韩国、澳大利亚 3 个公开赛，以及亚锦赛、T2 钻石联赛新加坡站共 5 个单打冠军。他搭档樊振东、梁靖崑拿下 6 个男双冠军，重回世界排名第一的宝座！众人感慨，一年 21 个冠军，许昕这个"劳模"可真是当得名副其实啊。

除了赫赫战绩，许昕的人品也备受赞赏，国家乒乓球队的评价是："他尽管有点调皮，但做人十分谦逊，从来不会与队友发生矛盾，不去争夺队里的培训资源。"上海乒乓球队的评价是："有上海的小队员去了国家队，许昕会经常跟他们谈心，传帮带，这一点他比任何运动员都做得好。"

对于以往取得的成绩，已经站上巅峰的许昕却并不满足，他的微信头像只有一句话："努力 100！"这句话是什么意思，不必言说，许昕懂，我们都懂。许昕，这个用左手直板打球的劳模，一定会创造出属于自己的乒乓球神话。

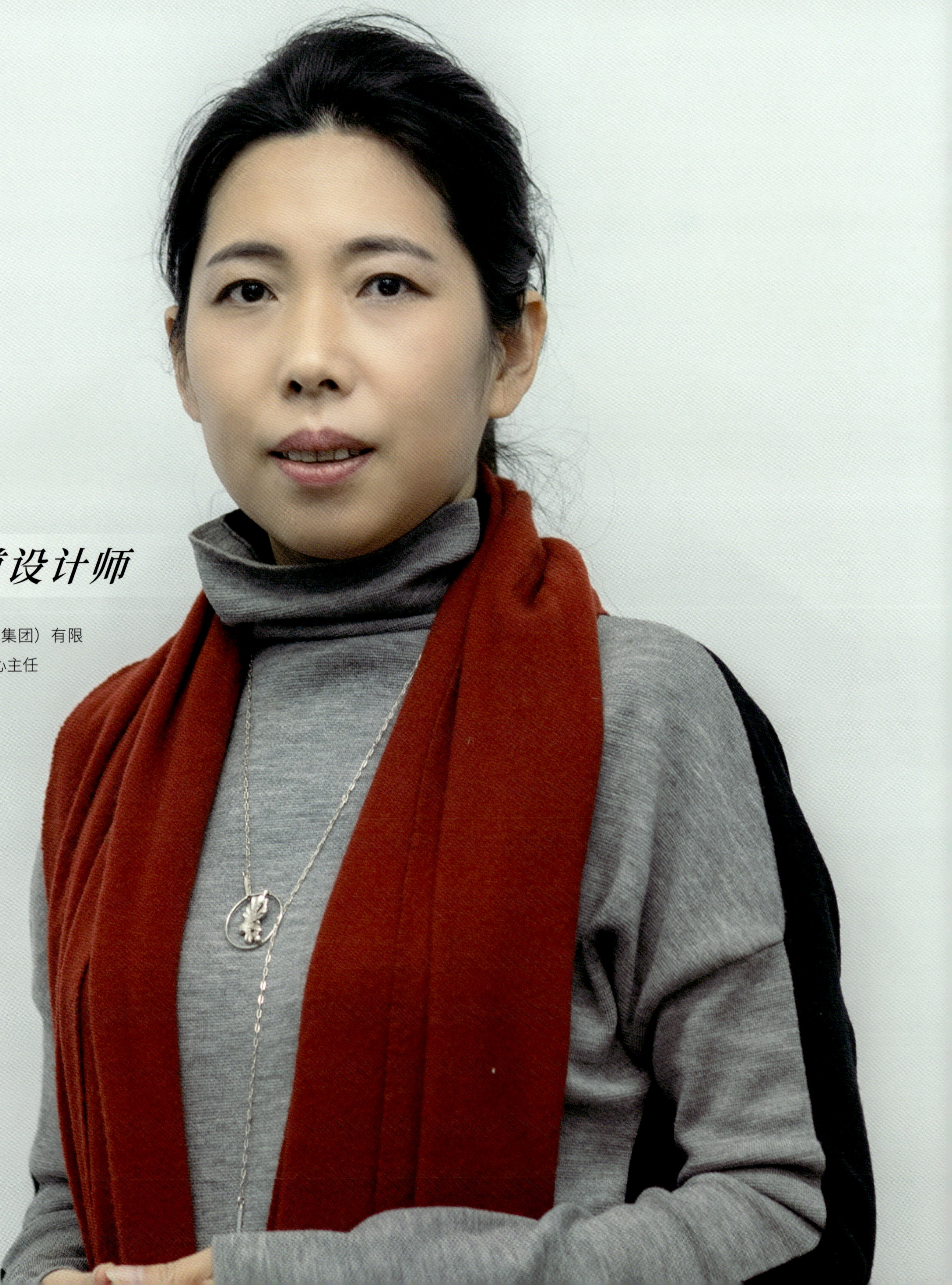

姚启明

东方女赛道设计师

同济大学建筑设计研究院（集团）有限公司汽车运动与安全研究中心主任

她让中国人有了自己的赛道

16 年前，在徐家汇一间不足 10 平方米的阁楼里，姚启明以一己之力打破了西方的技术壁垒，让上海拥有了第一条由中国人自己设计的国际汽车街道赛道，DTM 的引擎第一次在陆家嘴的上空轰鸣。

16 年后，2019 年 12 月 12 日，在武汉军运会赛场上拉开的中国汽车摩托运动大会序幕，吸引了来自 30 多个国家的顶尖车手参赛。这条由中国唯一的赛道设计师姚启明担纲设计的赛道，备受车手称赞，一举创下了多项"国内第一"和"国际第一"。

开赛第三天下午，卡车锦标赛正在激烈角逐时，T7 弯道前方路面破损，出现一个大坑，比赛被迫中断。正当大家不知所措时，一个虚弱的身影出现在直播间的大屏幕上，她正是姚启明。她仔细查看后，立刻开具修补"药方"：紧急调用冷沥青和热拌沥青修补，冷的解决今天问题，保证 40 分钟后开赛；热的解决明天问题，确保比赛万无一失。"我会在现场监督。"姚启明用微弱的声音坚定地指挥道。

然而，没有人知道她此刻正被剧烈的胃疼折磨着。开赛前一天下午，长海医院急诊室，专家看她马上要出差，再三劝阻："一旦飞机上出现异常，怎么抢救？这样会有生命危险。你是设计师，又不是救援队。"姚启明却说："赛道在军运会后加急重建，万一比赛期间出了异常，就可能危及到几百名车手的生命安全……"顾不上专家劝阻的姚启明，拎起一大袋药直奔机场。在只能吃流食的情况下，她硬是在武汉坚守了 6 天，处理了两起突发事件，确保了赛事安全进行。

十平方米阁楼中，她以一己之力，打破西方技术壁垒
二十年如一日，她砥砺前行，勇夺"世界第一"
初心不改，她把赛道当成自己的孩子
守卫安全，她把名字写在祖国大地上
她是全球赛道设计师中唯一的女性、唯一的中国人

CHAPTER 03

第三篇
绿色发展，共建宜居城市

为顺应人民对美好生活的追求，上海把绿色作为城市核心竞争力的关键要素，大力加强环境保护和生态建设。

在切实改善生态环境质量、实现绿色发展、建设美丽上海的进程中，广大劳模和先进工作者甘于奉献，全力投入，促进绿色转型发展和生态文明建设。

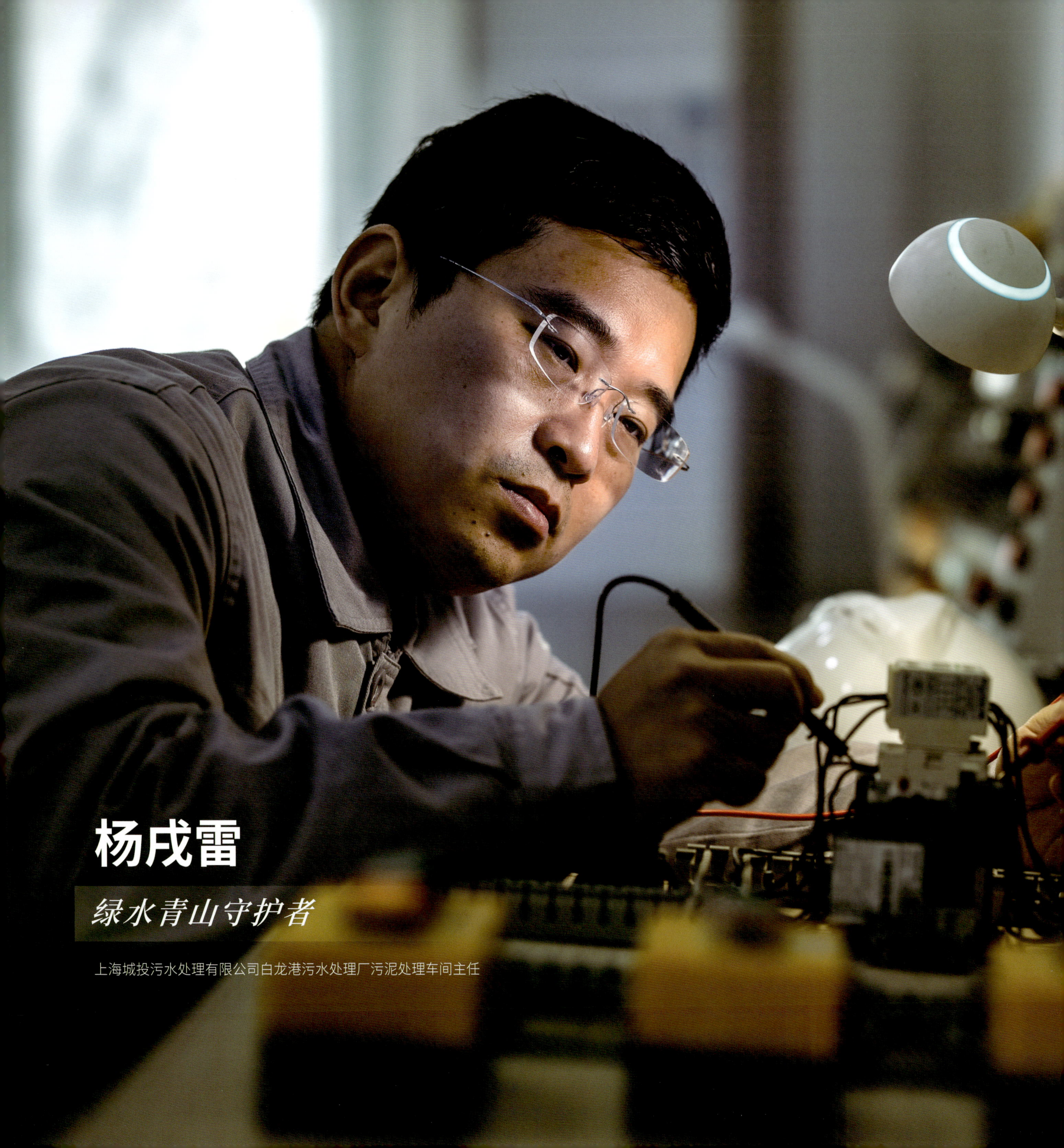

杨戌雷

绿水青山守护者

上海城投污水处理有限公司白龙港污水处理厂污泥处理车间主任

他是"设备改造师"，是"技术多面手"，也是"人才孵化师"；截污治污勇立潮头，他说没有传奇只有脚印；潜心钻研守正创新，他说没有捷径只有积累，用匠心传承与守护这片绿水青山！

辟蹊径，巧解减产危急

2020 年除夕，上海拉响了重大突发公共卫生事件一级警报。杨戌雷第一时间放弃休假，每天奋战在生产运行一线，尽力将疫情对污水、污泥处理的影响降至最低。随着全国疫情防控力度升级，原浙江、安徽所供应的石灰药剂无法进入上海，药剂短缺将导致每日 1500 吨脱水污泥无法正常处理，负责全市 1/3 污水、污泥处理的白龙港厂面临减产危机。

面对突发状况，杨戌雷大胆提出用高分子絮凝剂暂时替代石灰药剂的想法。他连夜召集技术骨干，商讨试验方案。在调理池边，他不断调整药剂配比；在板框机旁，他仔细观察出泥效果；在化验室里，他反复对比实验数据；在办公桌前，他持续优化设备改造方案。经过 72 个小时奋战，终于从 10 余种高分子絮凝剂中找到了石灰药剂的暂时替代品，杨戌雷和他的团队露出了欣慰的笑容。

每当遇到突发状况、紧急任务，杨戌雷总是第一个冲在最前面，这样的事例还有很多。

2017 年年初，白龙港污水处理厂干化车间导热油盘管突发漏油状况，导致整个污泥干化处理系统停产，杨戌雷深知污泥处理系统停止运行带来的严重后果。他主动请缨，立下军令状，问题何时解决何时回家。

他穿上防护服，钻进狭窄的风箱，在仅有 1.5 米高的风箱里，蜷缩着身子用手电筒和内窥镜一层一层地排查泄漏点。虽是寒风凛冽，但在风箱里的杨戌雷犹如掉进蒸笼里，不一会儿就已汗流浃背。经过八天八夜，对数百根导热油盘管逐一排查，终于将漏油点找到，对故障进行维修后，设备重新启动运行。

沈美兰

城市美容师

上海杨浦环境发展有限公司海杰保洁
分公司清道班考核员

为城市美丽添彩

2000 年，27 岁的沈美兰从江苏宿迁来到上海，报名参加环卫清扫工招录。单位里一位班长见她身材瘦小，本不想要她："这么小的模子，一看就是吃不了苦的。"但见其意志坚定，还是勉强同意了。第一天清晨，沈美兰拿着扫帚在马路上清扫时，便暗自对自己说："我一定要争气，做给班长看看。"

从这天开始，她每天都比别人早半个小时到岗，等同组的其他人来上班时，整条街她已经扫了一半。一条路，第一遍扫下来，能清扫出 9 车垃圾，这通常是 4 个清扫工人的工作量。2005 年，沈美兰担任了清道班民工组长，她负责保洁的地段属上海市 4 个市级副中心之一的五角场环岛商业圈。为保障五角场中心区域的环境卫生，她把自己总结出来的工作经验传授给每个工人，让大家熟练掌握。

遇到突发情况，沈美兰总是冲在前、干在先，特别是渣土散落、沙石散落、搅拌混凝土散落，污染道路距离长、量多的情况时，她总是及时赶到现场组织清扫、冲洗，直至恢复正常交通为止。由于天天在一条路上扫，五角场周边居民都认识她，很多人让她到饭店打工，可以多赚点钱，但她就是觉得扫马路的工作最让她感到踏实，拒绝了高薪聘请。

五角场的武川路、学府路，餐饮垃圾较集中，致使路面污染严重，附近的居民、商铺意见很大。沈美兰下决心要整治好这条路。她先上门收集沿街商铺垃圾，再利用午夜商铺关门时间段带领组内民工一起进行冲洗，对重点污染路段用洗衣粉、洗洁精刷洗地面，蹲着刷累了就跪在地上刷。经过一个星期的奋战，终于清扫出了一片干净的新天地。

20 年，坚守一份工，为保证一个清洁、舒适的环境，无论是在清晨，还是在黄昏，总有一个默默无华的背影，用勤劳的双手擦亮了美丽街区！

王 炜

健康环境的守望者

上海洗霸科技股份有限公司董事长

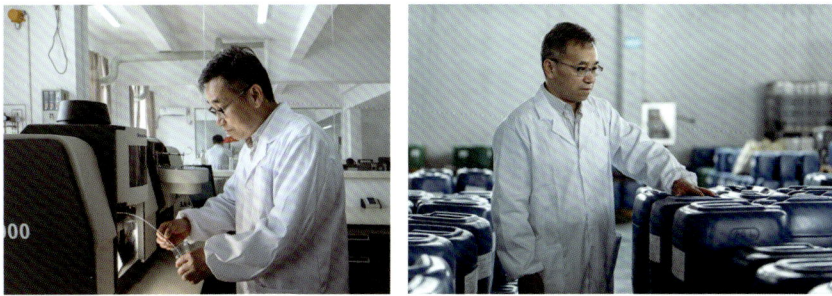

投身污染防治前线，引领水处理技术创新；挺立健康环境潮头，服务海绵城市建设；他用智慧与担当扎根环保事业，用追求与执着实现初心梦想。在水一方，践行天蓝地绿水清的环保理念，奋斗终身，永做中国健康环境的守护者！

守护一方净土

2017 年 10 月底，由于国家环境排放标准提高，要求某汽车企业废水处理后的镍含量排放标准由 ≤ 1 毫克 / 升提标至 ≤ 0.1 毫克 / 升，并且在 2018 年 1 月 1 日必须达标。标准提高了 10 倍，工作难度却远大于 10 倍。

时间紧，任务重，王炜带领研发团队，制定了多套方案进行实验、筛选、小试、中试，夜以继日，加紧研发。王炜不断鼓励大家："发扬工匠精神，精益求精、持之以恒，努力将检测工作做出成绩。"经过两个多月的努力，某车企的废水排放口检测镍含量达到 0.07 毫克 / 升，优于控制指标。

在元坝 101-1 超深达 7971 米井站的超高含硫酸性天然气田——川东北气田建设初时，正值盛夏，空气湿热，山里只有土路崎岖陡峭，新开辟的毛石路坑洼不平。为了考察井站的实际水处理情况，保障气田试采投产成功，王炜带领团队，实地考察每一个井站，了解井站的工作需求，足迹遍布气田周边山川。山路泥泞，极易打滑，山里的蚊虫凶猛，一天下来，人人身上遍布大大小小的"红包"。他笑着说："我们现在身上的'红包'越多，将来元坝气田为国家人民输送的天然气就越多、越好、越稳定。"现如今，川东北源源不断地向全国输送着优质天然气，同时气田的环保指标达到国际先进水平，气田采出水经深度处理达标后全部回用，实现了循环高效利用和液体零排放，守护了一方净土。

作为生态环境治理先行者，王炜带领团队坚持以科技研发为第一驱动力，始终奋斗在环境治理的第一线。

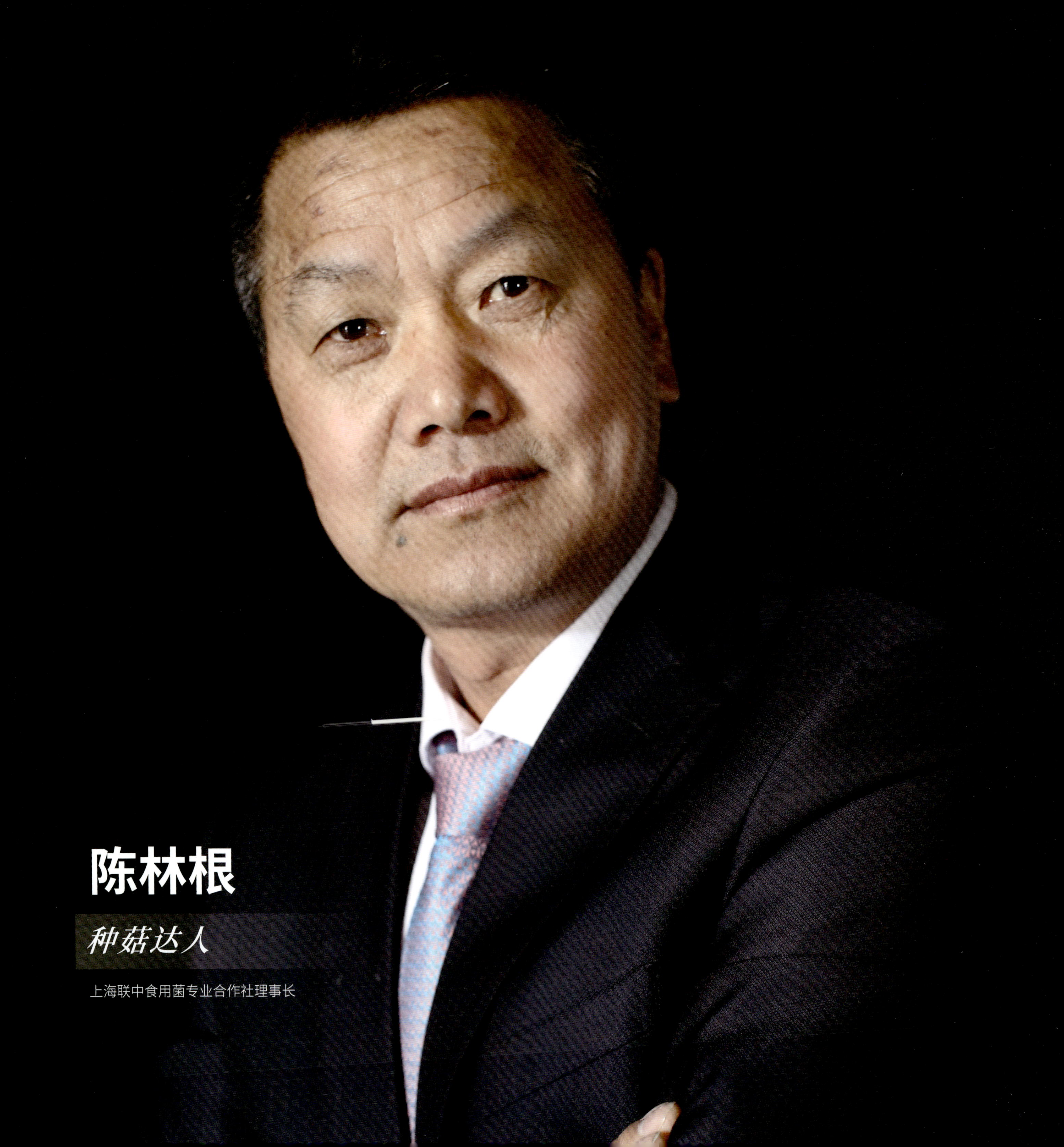

陈林根

种菇达人

上海联中食用菌专业合作社理事长

立足农村，植根农民，开创农村致富路。小蘑菇，大产业，创造就业岗位。扶贫帮困，自主创新，发展生态农业，他是振兴乡村发展的先行者！

他的战场就是蘑菇基地

陈林根第一次去欧洲时，万万没有想到荷兰的现代化农业居然如此发达，在他的蘑菇基地5天才能干完的活儿，这里1小时就完成了。他心里暗自发誓："我一定要将这套设备弄回中国"。

3个月后，一台来自波兰"MUSHCOM"的多功能上料机停在了蘑菇基地中央。令陈林根没想到的是全英文的国外设备，配套设备也没有图纸，这对年过半百的他来说是极大的挑战。于是，陈林根变身技术员，学习英文，学习数控技术，专业的英文单词、远程控制传感器在他的坚持和努力下变得不再是问题。他还利用视频和照片进行摸索、创新，多次修改设备结构，让"洋货"更加适应中国国情，荷兰技术人员对他的创新设计赞不绝口。十年磨一剑。10年间，陈林根坚守在他的蘑菇基地上，造就了72亩土地成为亩产值200万的黄金地，全上海60%的蘑菇来自他的基地，他用汗水和智慧带着农民朋友们走上了现代化农业的道路。

预防新冠肺炎期间，蔬菜价格持续上涨，陈林根心痛不已。为了维持蘑菇市场平稳，让上海人民都可以吃到新鲜便宜的蘑菇，基地连轴运转。春节长假期间，他一通通电话将基地骨干全部召回。这是一场没有硝烟的战斗，陈林根亲自在包装车间蹲守，持续供给市场蘑菇，他算了算这是平时供应的三倍量。看到市场价格稳定，他说："疫情无情，我要守住上海的菜篮子。"每个人都有一个战场，陈林根的战场就是他的蘑菇基地。

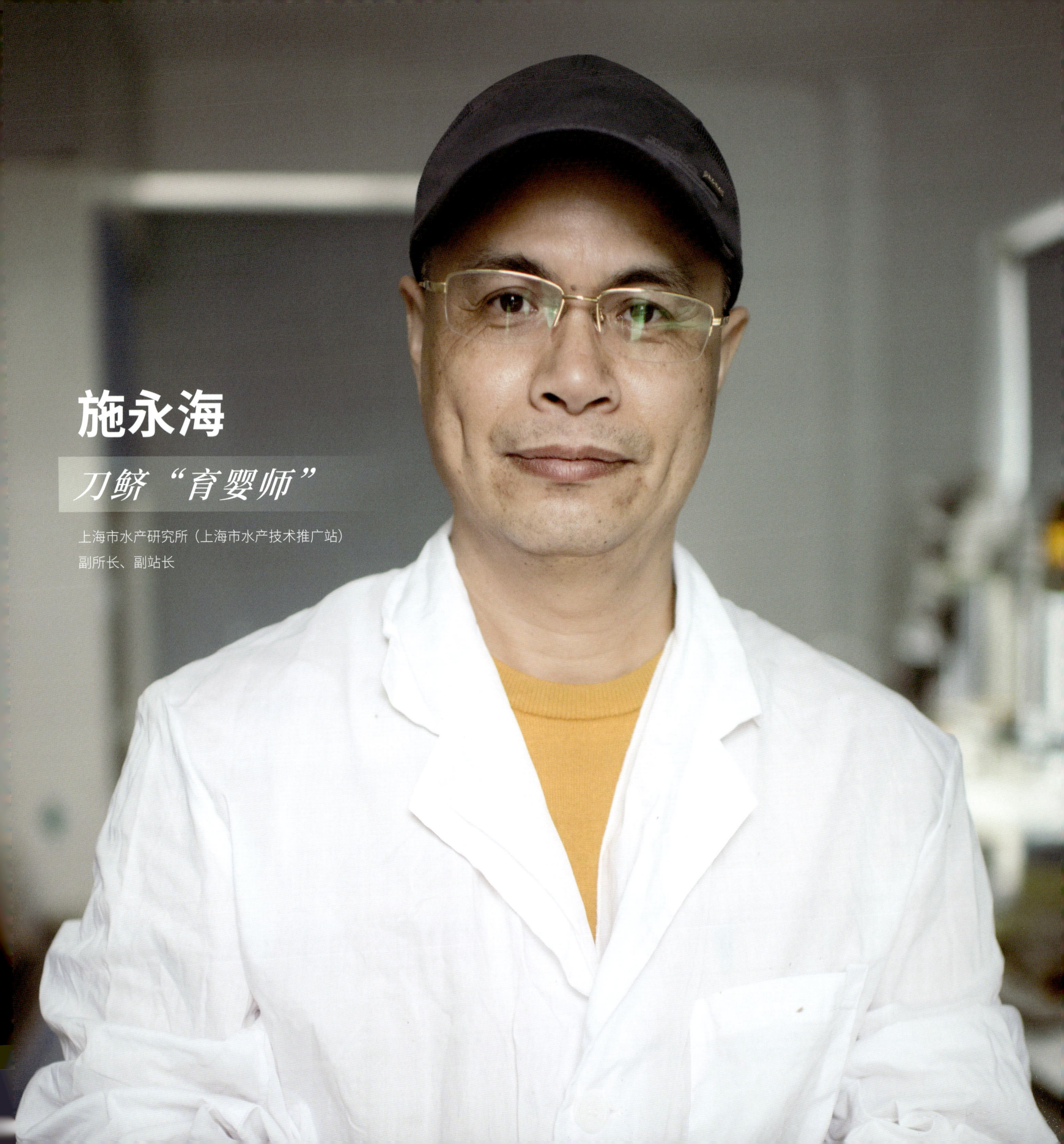

施永海

刀鲚“育婴师”

上海市水产研究所（上海市水产技术推广站）
副所长、副站长

从"挖烂泥"到解锁水产品"生命"
是日积月累"守"出来的科研成果
从繁殖育苗到百姓餐桌
是 22 年坚守一线的初衷
在海边成长的他
渔业精神融入了生命
他授人以渔，回馈与传承
让渔民多一份收入
让市民"菜篮子"添一道鲜味

这一刻，时间就是生命

2019 年 7 月的一个傍晚，施永海像往常一样，选择驻守基地。吃过晚饭，他习惯性地走向池塘，看看鱼，散个步。

走进鲥鱼塘，一条浮在水面上的鲥鱼引起了他的注意。仔细观察，像这样浮在水面仅有鱼唇还在微弱蠕动的鱼共有 3 条。几千条鱼的池塘偶有几尾死鱼是再正常不过的事，但施永海却隐约感到不平常。晴天无需增氧，经验告诉他这池鱼缺氧了。他启动了增氧设备，并联系负责该片区的工作人员到现场查看。

不到 5 分钟，水面上的浮鱼数量激增。濒死的鱼会分泌大量黏液，使池水变浊，含氧量降低，进而威胁其他鱼的生命。施永海和现场工作人员立即采取增加一套增氧设备，

从其他正常鱼池中抽水换水，增加水中氧气饱和度等急救措施。

这一刻，时间就是生命。驻守基地的工作人员迅速不约而同赶来增援，互相补位进行抢救。施永海和大家一起，从傍晚一直忙到深夜。

"如果晚 30 分钟发现，一池鱼可能都没啦！"经连续抢救，3 天后情况趋于稳定。2500 尾鱼的池塘，近 2000 条尾鱼都存活了下来，挽回财产损失近 16 万元。"还是很心痛，这都是我们从小鱼卵开始养起的鱼，是鲜活的生命。"时隔一年，施永海依然记得那个被同事手电照亮的黑夜，有对生命逝去的不忍，更有对团队默契协作的感动。

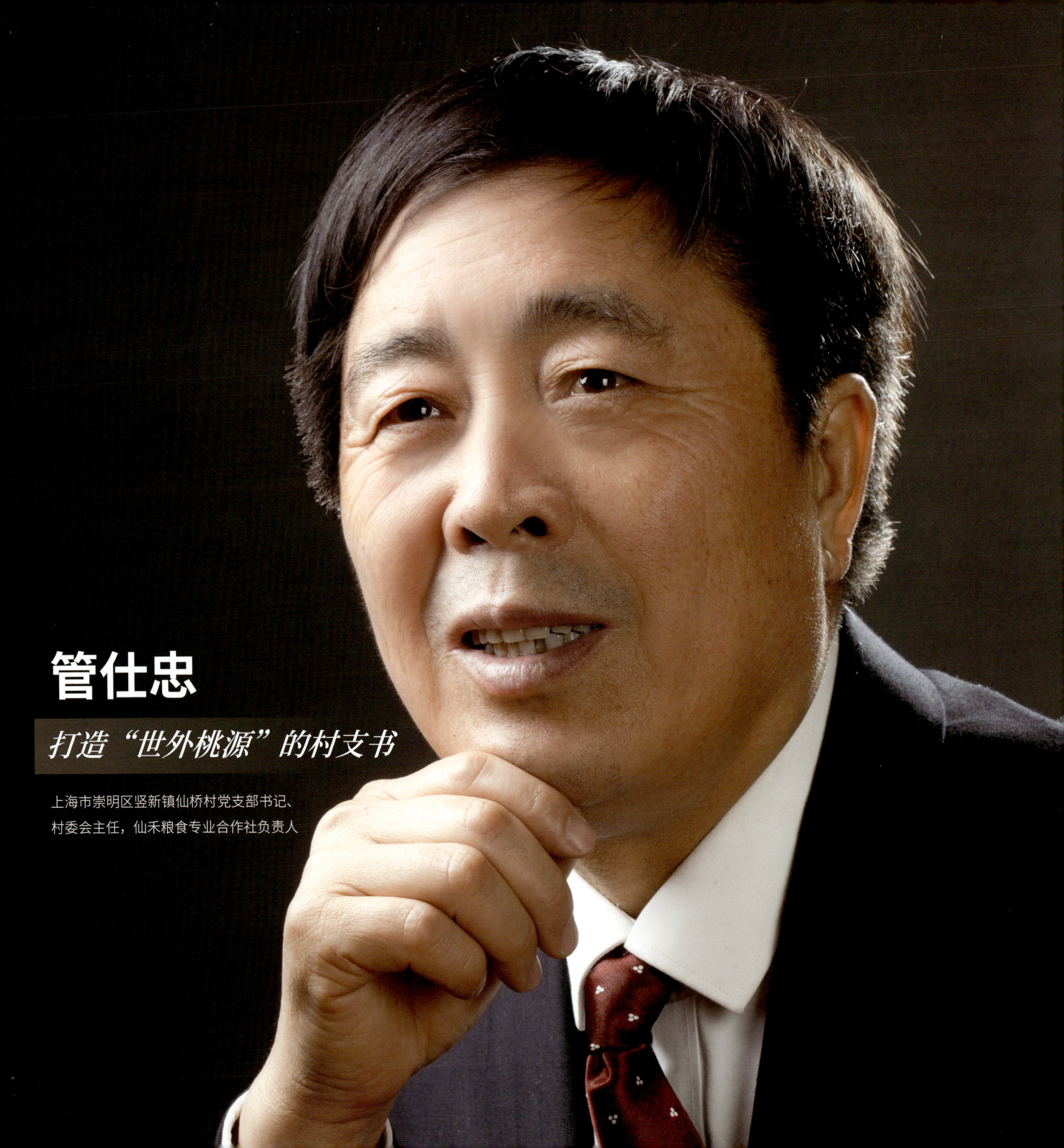

管仕忠

打造“世外桃源”的村支书

上海市崇明区竖新镇仙桥村党支部书记、
村委会主任，仙禾粮食专业合作社负责人

仙桥村致富领路人

30 年来只做一件事：一心一意谋发展，让老百姓有更多获得感。这是管仕忠的人生目标。

带领村民勤劳致富，"一亩三分田"的"旧方法"走不通，"锅炉大烟囱"的"老路子"也不可行，如何发展村里的经济成了管仕忠的"一号课题"。

他主动到市里、区里寻求资源，经过认真思考，打起了"规模化"经营的主意，全村规划土地流转 98%、引进了光明集团优质企业，兴办了 6 家专业合作社。他还积极联系同济大学设计创意学院，创意改造村民的闲置房屋，打造了崇明第一家创意民宿和创意农业，目前建成了 25 家民宿、15 家农家乐，形成了粮食种植、水产养殖、果蔬采摘、农家餐饮等 6 大发展板块。2019 年村里人均可支配收入 3.5 万元，村民的收入每年增长 12%，老百姓的日子越过越红火。

为了把仙桥村打造成生态文明建设的一个样板村，早在 2014 年，他先后买了 600 多个旧油漆桶，刷上绿色新漆，再按门牌号一一编号，发放到村民手中，让农户养成垃圾分类好习惯，又走在了全区之首。

作为上海市劳模，管仕忠建立了"老管生态农业劳模创新工作室"，在他牵头下，成功研发出"林下跑道养鱼"模式，获得了上海市创新成果奖。还试种出崇明木瓜、车厘子、榴莲、百香果等 40 多种南方水果新品种，每年吸引岛内外游客 5 万多人次，产生经济效益 100 多万元。

如今的仙桥村，大田里金浪翻滚、果园里蔬果飘香、广场上欢声笑语、书屋里书香四溢；漂亮的农舍掩映在绿意中；田埂边喝着崇明老白酒吃着小龙虾，民宿里躺着看星星……真是一步三景、四季如画。

不负这片土地的养育，不负这方山水的怡情，为实现"美丽乡村"之梦，用一颗执着的心带动一村人的心。埋头苦干，寻求创新，今日最美仙桥，正散发别样浪漫。

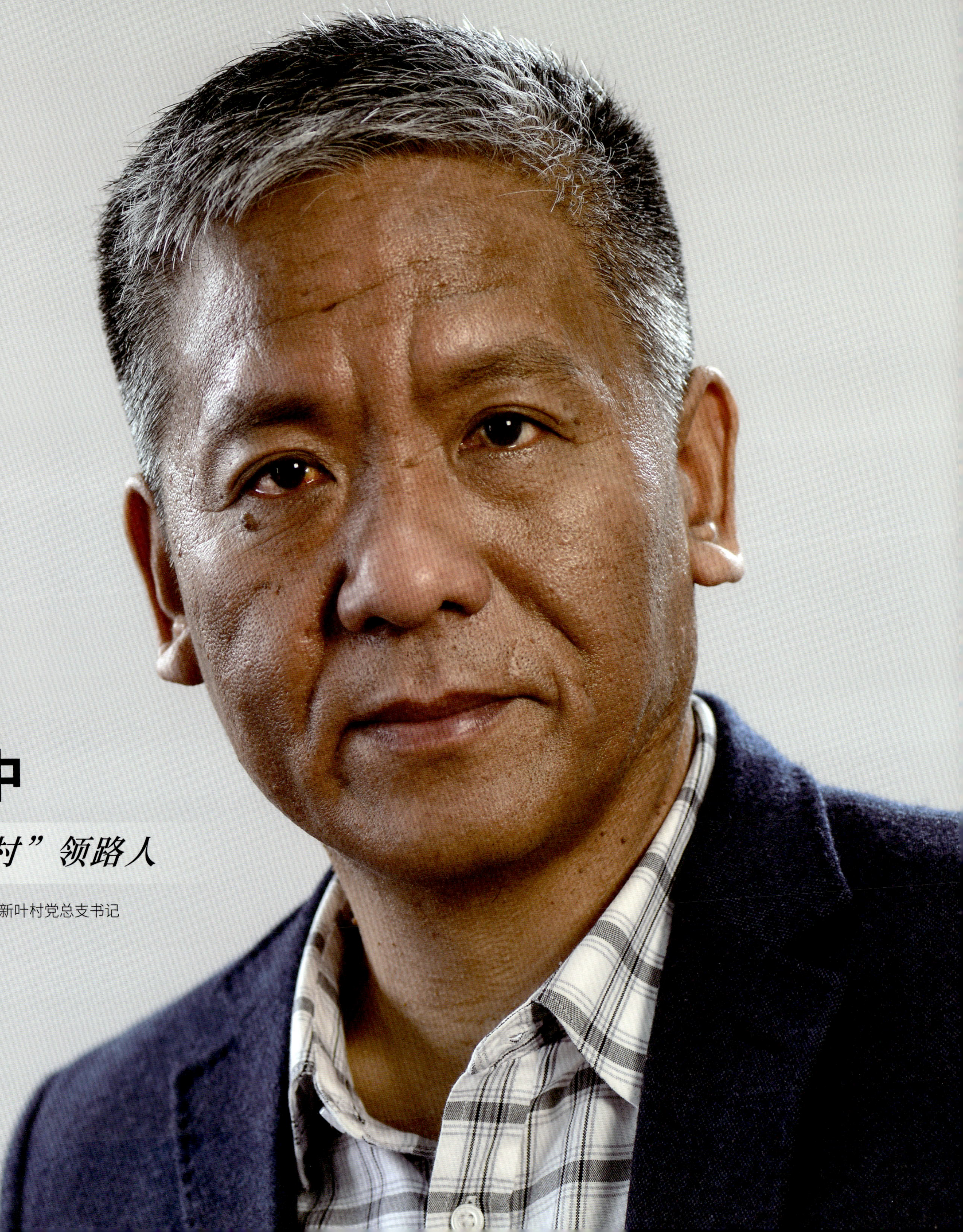

姚建中

“美丽乡村”领路人

上海市奉贤区庄行镇新叶村党总支书记

诚实做人，用心做事，豪情满怀创出了乡村振兴的"新叶"之路；给了村民温暖，带领大家致富；病魔击不垮，阳光是他生命的厚重底色；困难打不倒，勤奋是他精神的最佳注解。

对不合理诉求说"不"

从小姚到老姚，姚建中将最美好的 21 年献给了新叶村，带领全体村民在乡村振兴路上不断前行。村民的急难愁事，他当成自家的事情，真心实意帮助解决。面对集体的利益，他坚决维护，绝不会退让半步。在新叶村，他通过解决"宅基地归并"问题，让村民的生活焕然一新。

"宅基地归并"并非一帆风顺，姚建中凭着既细致耐心又坚持原则的作风，实实在在应对群众诉求，刚正不阿维护集体利益，各种难题在他面前迎刃而解。在进行老房拆迁时，工程队的一位拆旧工人，因为操作不慎从楼上摔下来，事故发生后，伤者 70 多岁的老母亲在书记办公室整整呆了 59 天，硬要提出巨额赔偿。"问题越棘手，就越要坚持原则。" 姚建中不厌其烦地耐心劝导伤者一家："按照法律程序解决矛盾才是正确的处理方法，这才是对伤者的负责。"最终，伤者一家被他成功说服，化解了矛盾，坚持了立场。

有位村民到村委提出不符合建房诉求，行为过激，爬上村委大楼 30 个小时，情绪十分激动。姚建中沉着冷静，一方面宣传建房政策，做耐心细致的思想工作，一方面发动村委全体干部做好应急预案，昼夜值班，说服教育，晓之以理、动之以情，坚守原则不退让。经过大家努力，该村民表示理解，最终接受了村委的安置方案。

姚建中"掏出热心为群众、刚正不阿讲原则"的工作作风，赢得了全体村民的信任。今天，风清气正的新叶村正朝着乡村振兴的奋斗目标大步迈进！

李春风

稻花香里的领跑者

上海万群粮食专业合作社理事长

"春风"行动让农民奔小康

李春风的父母都是农民，农忙的时候，家里人也会让他帮着干点农活。但是，当时的他从未想过长大以后要以此为生。

从新桥职校机电专业毕业后，李春风便到浦北的五金机电厂做工。2007年底，松江探索发展规模在100—150亩的粮食家庭农场，李春风的父亲报名成为全区第一批家庭农场主，承包了117亩土地。考虑到父亲年事渐高，工作了十几年以后，他终于作出一个重要的决定：回家种田！

李春风从零学起，边干边学。2011年，他承包了3亩养殖场，尝试种养结合的家庭农场，探索"种粮+养猪"模式，实现生态循环。2012年父亲退休，李春风接过了经营家庭农场的接力棒，成为当时全区最年轻的家庭农场主。

2015年，李春风创办了上海万群粮食专业合作社，次年注册了"李春风"牌大米商标，逐步在市场上打响品牌，取得了良好口碑。周边农户也跟着他实现了由"卖稻谷"向"卖大米"的转变，每亩地收入比往年增收600元左右。2018年上海"两会"，李春风当选为市人大代表，提出了"扶持优质地产农产品发展"的建议。这份建议，除了多年务农的实际感受，也来自上海推进农业供给侧结构性改革的实践。

2019年，李春风的家庭农场种粮、养猪和农机服务净收入约50万元，真正走上了规模化、机械化、科技化的现代农民致富之路。

许多人夸李春风"起早贪黑、勤劳肯干"，所以才有了今天的这一切。但他自己心里明白，他说："要是没有国家扶持三农的好政策，没有松江创新探索的家庭农场模式，没有上海这座城市的发展，我哪怕再吃苦耐劳，也很难有眼前的成就。"

一颗心锁定农村，让贫穷就地消失，让富裕就地生根。人工收割向机械化转变，"卖稻谷"向"卖大米"转变。享受现代化农业的乐趣，他成为一个体面的都市农夫，也赢得了"职业农民"的最高赞誉。

王明牛

智慧农民工

上海建工材料工程有限公司第一构件厂 PC 车间
1 号线值班长

他相信知识的力量
从农民工到汽修专家
再到领先全球的 PC 构件生产线工程师
紧跟新时代步伐
保持劳动者本色
一次又一次的转型之路
成就了这名上海产业工人的光荣与梦想

他给德国机器戴上"中式耳坠"

2016 年 9 月，世界上生产混凝土最先进的德国索玛生产线被引进到上海建工材料有限公司第一构件厂。安装调试重担落到了王明牛身上，各种图纸怎么看？预埋件位置在哪里？自动化生产线如何合理运作？面对挑战，王明牛一切从零开始。

建筑 PC 构件布料机的操作台设计得非常高，这对身材普遍高大的德国人来说根本没问题，但对于个子相对矮小的中国人来说却无法适应。因此造成出料口混凝土外溢，或者铺设不到位的情况时有发生，带来安全隐患。

在德方拒绝改造的情况下，王明牛迎难而上。通过数日仔细观察琢磨，采取了给布料机增加一个像"中式耳坠"一样的装置。将两根长短粗细一样的小链条固定在料斗上，与模具上下垂直对接，这样一来，操作人员再也不用跷起脚尖抬头张望，操作起来一目了然。混凝土外溢迎刃而解，安全隐患得以根除。与此同时，他还给布料机出料口增加了一个小托架，混凝土滴漏现象得以消除。

在工作上，王明牛是个有心人。对预制构建工艺的高标准，让他再次发现对坍落度小的混凝土，高频振动车的振动效果"不完美"，如不加以改变，将会出现气泡甚至是裂缝，造成构件强度的不稳定。可在与德方沟通时，被再次拒绝改造："你们不改，我们自己来。"王明牛不多言，却毫不让步，带领团队开始新一轮攻关。

经过连续数晚在车间里的"打磨"，问题症状找到了。原来，这套流水线振动车 8 个振动箱的振动点，举升时并不在同一水平面上而导致力传导不充分，使浇灌出来的构件无法通过王明牛这一关。王明牛用了最"土"的也是最直接的垫钢片办法，将每个振动箱的误差高度进行逐个校正。又经过一个月的反复试验，在车间里忙活了一个月的王明牛，终于笑到了最后。当达到更小坍落度的振动台"四平八稳"地获得新生出现在德方面前，德方在惊讶的同时，更多的是敬佩和赞叹！

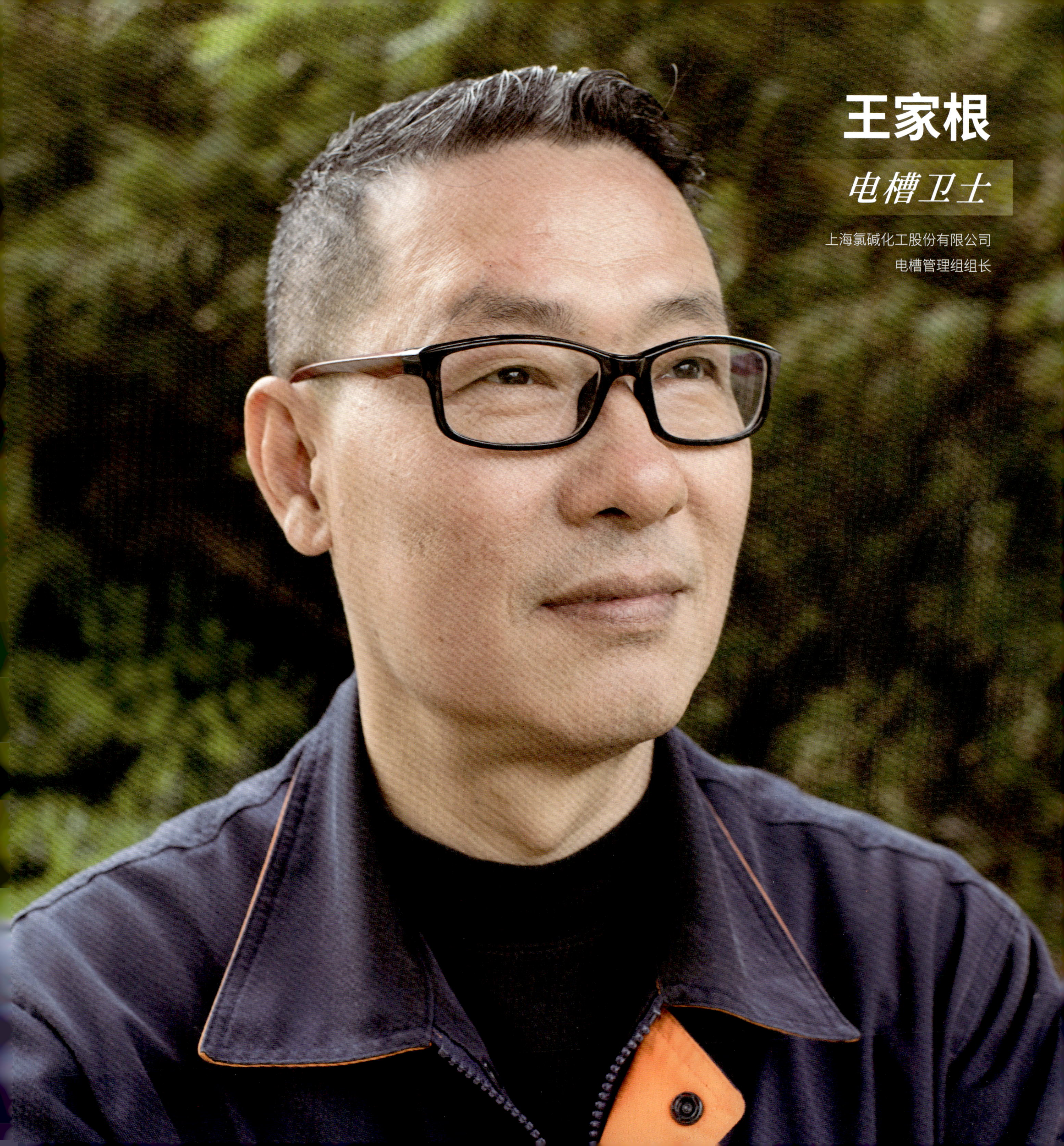

王家根

电槽卫士

上海氯碱化工股份有限公司
电槽管理组组长

"刺头"显形记

在氯碱化工华胜三期项目设备安装现场，细心的人们发现，组长王家根带领电槽管理班一帮大男人双手套着女式丝袜，在电解槽膜极距的扇面上捣鼓。这是怎么回事？上前一打听，才得知了事情的原委。

原来，王家根在三期项目建设现场，用手对一批采用膜极距新技术的电解槽室框扇面检查抚摸时，指尖会被刺痛。"咦，有情况。"他赶紧探下头，在刺手处反复抚摸，终于发现是一根断了头的镍丝在网眼中微微探出了头。他当即做好记号，又在别处重复检查，又一个"刺头"被发现。

如果让带"刺"的电解室框投入使用，不仅会造成离子膜穿孔损坏，电压上升，电耗增大，还会埋下安全事故隐患。这一下，他不淡定了。王家根立即召集班组员工全面出击，但效果不理想。不带防护手套，手被划出血痕；戴上防护手套，感觉却全没了……

人回到家中，但他脑海中却全是消除"刺头"的事。老婆无意中说的一句话：新买的丝袜刚穿了一次就被勾坏了，一不当心就会跑丝出洞。这给王家根带来了启发。如果用丝袜套在手上去查找"尖刺"，会不会更有效？王家根将家里勾坏的新丝袜以及用过的旧丝袜全部拿到厂里。

这一招，果然见效。第二天，手戴防护手套再套上丝袜的员工在检查网面时，只要掠过露头的镍丝，丝袜就会被勾住，"刺头"就会被显形定位。

眼见王家根用丝袜这个特殊工具，轻而易举地让"毛刺"显形，其他员工都纷份效仿，1200片单元槽膜极距网面上的1700根断丝的毛刺"原形毕露"，被"一网打尽"。不但有效保障了数百万元离子膜不被刺穿损坏，还消除了潜在的安全生产隐患。从这之后，丝袜就成了电槽班组挑刺的专用工具。

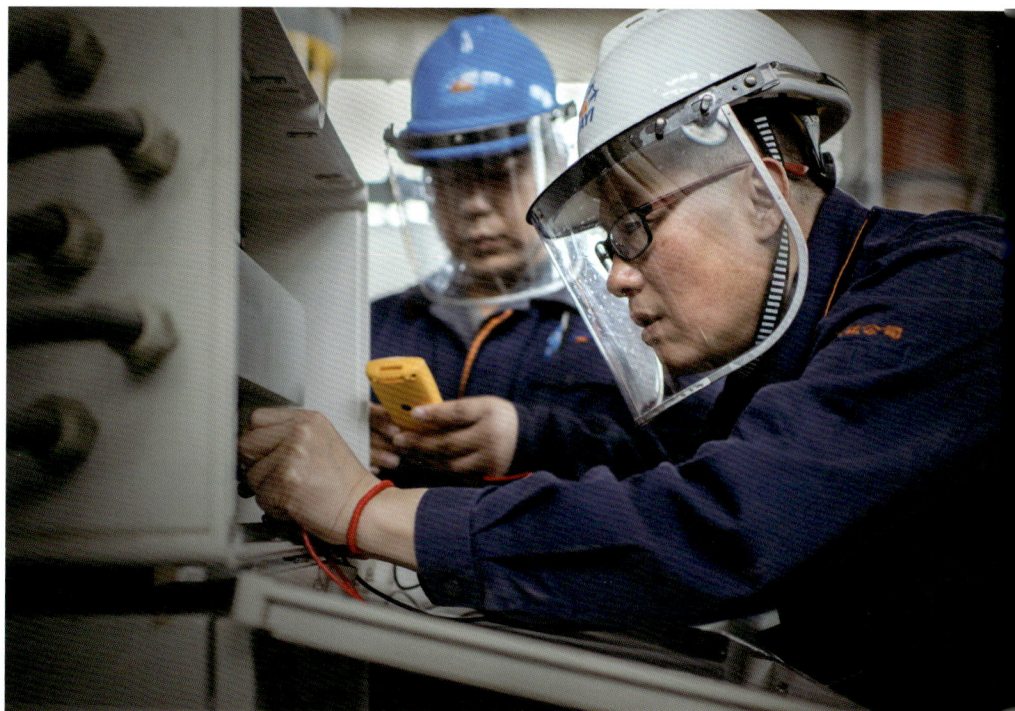

他始终坚守在生产一线
磨砺自强，尽职奉献
用一双"火眼金睛"
带领班组为企业"安、稳、长、满、优"的运行保驾护航
他刻苦钻研，匠心独运
摸索出世界顶级电解槽维护指南
走出了一条不平凡的技术工人成才之路

陆忠明

"冷暖"掌控者

大金空调（上海）有限公司设备维修课课长

他是一名钳工，也是一名"管家"
十八年严丝合缝的守护
为生产安全打开"保护伞"
打破技术壁垒，不断探索和攀登
实现一次次飞跃的高光时刻
钳工手，工匠心
他像空调一样奉献冷暖
奉献一生的时间与智慧

中国制造的零件不比外国差

2018 年初，公司引进了一台最新工艺加工设备，因"水土不服"，成品次品率接近 5%。外国厂商坚持设备的设计和安装没问题，但又不提供图纸。被誉为"机器保姆"的陆忠明不信邪，自己动手摸索。厂商不提供图纸自己手绘。只要一有空，他就在设备旁眼观、耳听、手摸，和设备"朝夕相处"，反复琢磨次品的原因出在哪里；为了早日攻克这道难关，他常常不眠不休，甚至整夜都在围着设备。整整半年时间，终于取得突破，他大胆改进了原有的设备设计工艺，效果比原装进口设备明显提高，仅此一项，一年就为公司提高生产效益 3500 万元。

"我，全年无休。"对于陆忠明来说，这已是一种常态。为确保公司 1500 多套生产设备的日常运行维护保养，他经常主动放弃休假，几十年如一日带领部门员工坚守在生产一线。

作为企业设备节能、技术攻关、技术创新和员工技能培训的领军人物，他在短短的几年时间里，先后攻克了空调关键部件折弯机新机种的改造，完成了进口零部件 18 项国产化研发，质量明显高于国外进口，每年为公司节约经费 600 万元。

在陆忠明的所有发明中，有一项特殊的发明还走出了国门。他研发的粉尘爆炸仿真模拟装置，可直观体验粉尘爆炸威力，为加强员工安全培训提供了形象教材。这套培训装置每年为公司安全培训 3000 人次，继在集团内推广后，还出口到了美国公司。

"中国制造的零件，一点不比外国差。"这位"机器保姆"的话语，自信又充满着自豪，展现了中国当代工匠的铮铮铁骨。

李 鹏

业界"高炉之王"

上海宝冶冶金工程有限公司董事长、总经理

"高炉王" 续写新传奇

他经常连续工作超过 16 个小时，但很快乐。他在大家的眼中，是企业发展的"引路人"、职工口中的"实干家"，他就是李鹏。

传统高炉大修工程，需 2 年工期，李鹏不信改变不了这一行规。他采用不爆破、不动火、易清理、绳锯切割残铁技术，将每块重 20 吨—30 吨的残铁切割成块，实现安全低碳环保。应用炉体气垫运输技术，将工厂化制作的几千吨炉体现场安装就位，这一关键核心技术是实现整个短期化施工技术的关键。

李鹏带领团队经过几十次的不断试验，终于将总重达 2800 吨的庞然大物用气垫运输和滑移安装就位。

这套技术填补了我国特大型高炉短期化大修的空白，达到了国际先进水平，后又在宝钢一号高炉大修和重建中，创造出了仅用 78 天震惊业界的行业"神话"。

2019 年，中央电视台国际频道在"走遍中国"专栏中，用《高炉传奇》为题，向全球播出中国改革开放 40 年来钢铁成就专题片，其中就有李鹏从高炉"建造"到高炉快速"智造"的故事，用镜头记录了高炉模块化创造的传奇。

从高炉王"蜕变"成赛道王，这是李鹏的又一个传奇。2019 年，李鹏又开始研发 2022 年北京冬奥会国家雪车雪橇赛道。经过 200 多次反复试验，他成功研发出赛道曲面喷射和整套曲面找弧工具等新技术，获得 6 项专利，为国家节约专利费 2000 多万元，开创了冶金行业喷射技术应用到民用混凝土喷射技术的先河。

熔金炉中千锤炼，锻尽余铁始得钢。高温下的坚守，热火中的炙烤，练就他坚韧的品质、赤诚的肝胆；不断创新，追求卓越，他带领团队，创造了 78 天的大型高炉大修工期"世界纪录"，还成就了冬奥会上的"中国创造"。他用新时代建设者的坚实步履，谱写出中国高炉大修的科技诗篇！

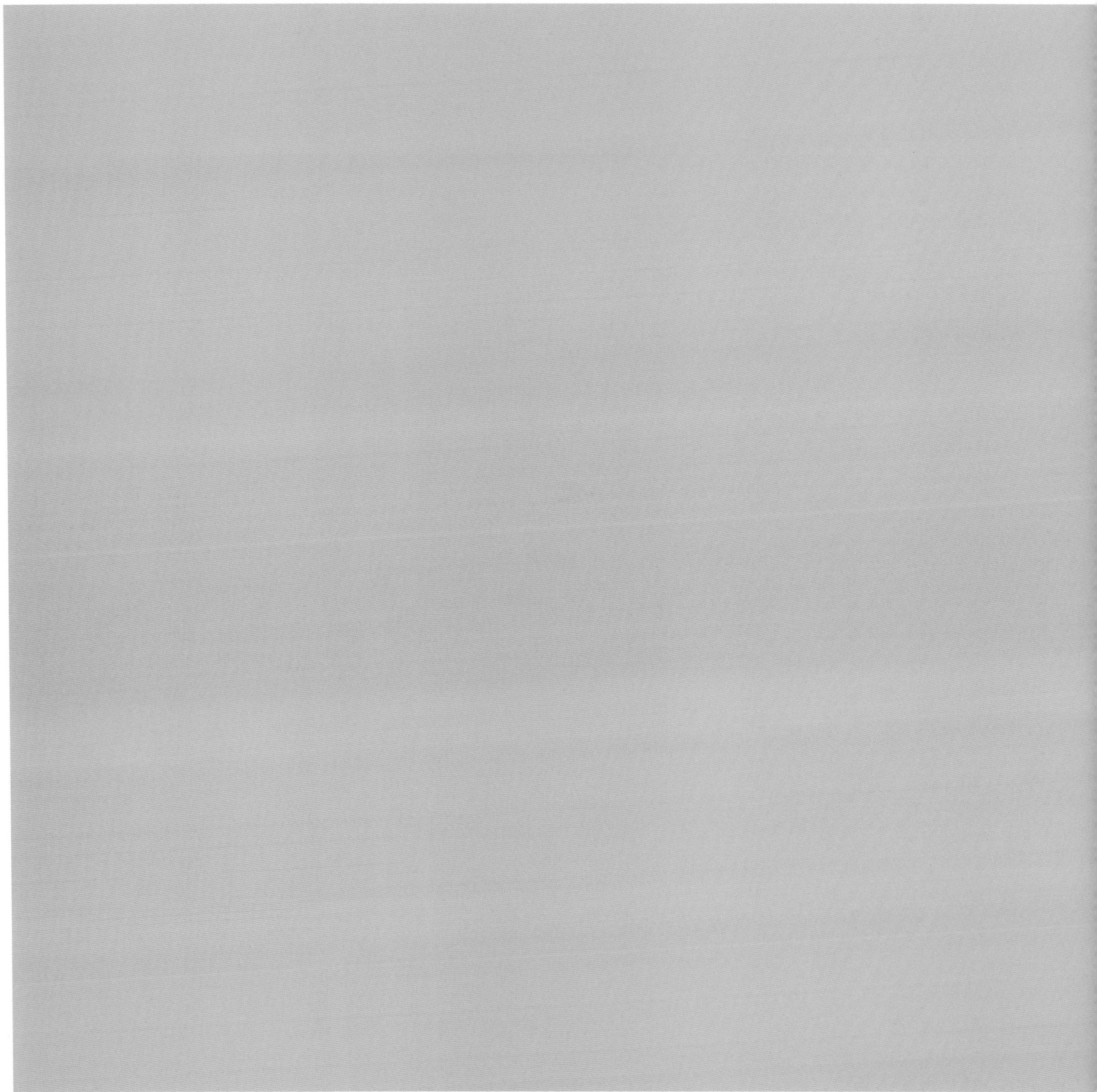

CHAPTER 04

第四篇

开放发展，打造经济新高地

　　为全面深化改革开放，成为我国新一轮高水平开放的新高地，上海以自由贸易试验区为引领，加快探索以开放促改革、促发展的新路径，全面参与国家"一带一路"和长江经济带战略。

　　在促进长三角地区一体化发展、提升"引进来"的能级和水平、提高城市国际影响力等工作中，广大劳模和先进工作者勇敢担当、创新作为，作出了卓越贡献！

谢邦鹏

编织"国网梦"的实干家

国网上海市电力公司浦东供电公司张江科
学城能源服务中心主任兼数据管理组组长

扎根一线，是"平民博士"，更是"国网工匠"
守正创新，是技术专家，更是改革先锋
勇挑重担，让光明点亮前程
屡创佳绩，用动能实现共享
智慧能源之路还很长
他，还很年轻
期待，碰撞出更灿烂的"火花"

一个清华博士的国网梦

谁也没有想到，2008年从清华大学电机系博士毕业的高材生谢邦鹏，会选择到国网上海浦东供电公司当一名一线工人。然而，正是浦东这片创新创业的热土，成就了谢邦鹏。

2011年，谢邦鹏带队做大电流试验，发现短接工具需改进，受到妻子用晾衣夹晒被子的启示，设计出一套"大电流试验万用组合短接工具"，安全便捷，一秒接入，效果十分明显。如今，这项专利已在全公司推广，并在迪士尼等区域供电保障中作用明显。

2018年，在浦东电力一线奋斗了10年的谢邦鹏，奉命踏上了新的征程，带队筹建上海浦东供电公司张江科学城能源服务中心。

被誉为"中国硅谷"的张江科学城，是上海科技创新的重要窗口，正吸引着越来越多的新兴产业加盟。同时对能源服务也提出了更高的要求。

树立上海电力系统"能源管家"品牌，推动张江科学城能源"价值一共享"，成为谢邦鹏的目标追求。

"张江科学城能源服务中心是国网公司成立的第一家，肩负着城市能源互联网建设、上海智慧城市能源平台建设等重任。"谢邦鹏说。

"以前主要与设备打交道，现在主要与数据打交道，虽只是一个小小的变化，却让电力人必须从头学起，将传统的供电保障和客户服务业务与公司转型发展需要突破的综合能源业务、数据业务等有机结合在一起。"谢邦鹏深刻认识到，任何地方的开发都离不开电力的保障。电力人必须走在企业创新发展的前列。

正是基于这一点，12年来，谢邦鹏足迹踏遍了浦东大地，亲身参与见证了上海世博会、迪士尼乐园、上海自贸区、临港新片区的跨越式发展。"我为浦东发展有自己的一份贡献而倍感自豪！"谈到这里，谢邦鹏欣慰地笑了。

徐 敏

企业 "金牌店小二"

上海市浦东新区市场监督管理局注册许可分局
党总支副书记、二级高级主办

20 余年坚守一线

她是兢兢业业的"金牌店小二"

20 余年改革创新

她是体贴入微的"企业好向导"

让"服务窗口"变成投资发展的"温暖入口"

她牢记使命担当

用"服务质量"打造营商沃土的"金字招牌"

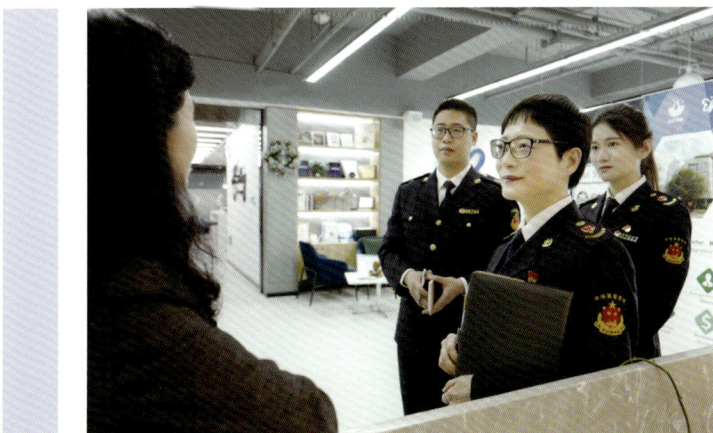

让初创企业在浦东飞翔

2015 年盛夏，上海自贸试验区扩区的新政策再次点燃了人们创新创业的热情。

在浦东企业服务中心，一份特殊的企业注册申请表引起了窗口工作人员的注意。申请人在企业注册地址上填写了"某某路某某号 1 号工位"，这显然不是一个正常的地址。

将"工位"作为企业注册地使用，能减少初创企业的发展成本吗？制度上可行吗？法律规定上有没有依据？风险可控吗？面对这一全新课题，徐敏主动承接下来。"我们去现场看看吧。"徐敏笃定的笑容给了申请人满满的信心。

紧接着，她和她的团队陆续收到几家相同地址表述的开业材料。在现场，徐敏才终于明白为什么多个公司申请注册表中会出现同一个"住所"。原来，这家位于张江的生物医药孵化器——"衍生堂"，兼具办公、商务、研发等多种用途。

其开创的全新孵化模式——"工位 + 创业导师 + 种子基金 + 天使基金"，在资本、大企业和中小初创企业之间搭建平台，共同孵化医疗领域的早期项目。在现场一个个格子间，创业学子、科研才俊如"蜜蜂"般忙碌的身影深深打动了徐敏。

"我们一起努力，把'工位登记'模式做下来！"那段时间，徐敏成了孵化器企业的"常客"。在她的推动下，浦东市场监管局再次拿出先行先试的魄力，在张江率先试点"工位登记"制度。从此，不需要租赁多大的办公场地，在格子间办公的初创企业，也有了"出身证明"的梦想在浦东变为现实。

如今，徐敏和她的团队正致力于探索新的领域——"金桥创客天地"虚拟大厦孵化器的研究，在进一步释放场地资源、降低初创企业商务成本的道路上寻觅新的路径，助力企业飞翔。

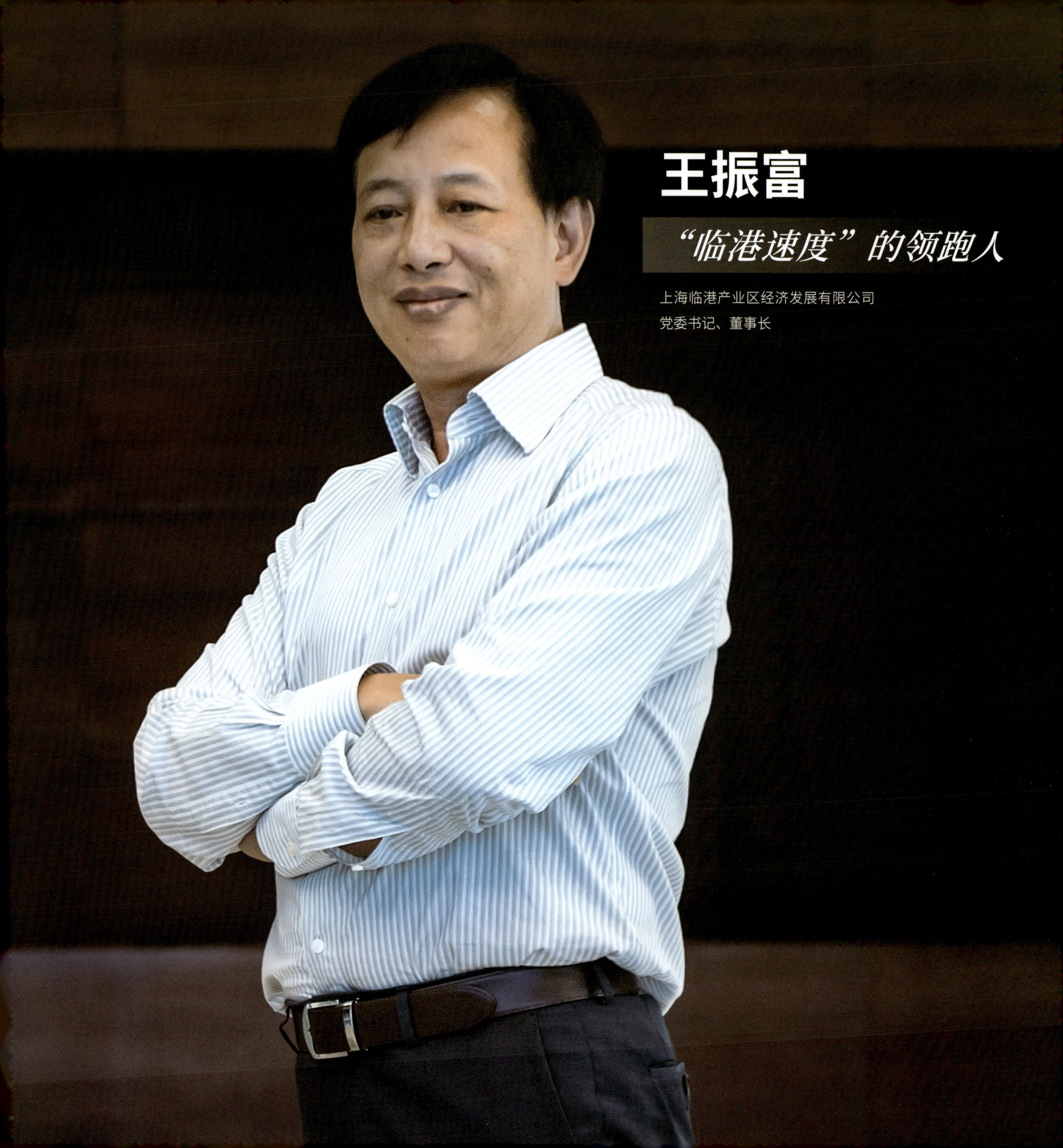

王振富

“临港速度”的领跑人

上海临港产业区经济发展有限公司
党委书记、董事长

拓荒深耕十余年，鲲鹏展翅九万里
他是临港建设的实践者，产业发展的推动者
用"上海速度"推动重特大产业项目落户东海之滨
荣誉的桂冠，是由荆棘编织，由成绩润色
只有保持初心不变，只有恒心与拼搏激情仍在
才能续写科创中心更远大的梦想

临港速度在这里体现

"企业落了地，如果不能尽快产生实效的话，就是一种损失。"对刚刚走马上任的上海临港产业区经济发展有限公司党委书记、董事长王振富和他的团队来说，特斯拉正式决定选址临港，对他们无疑是一场考验。

王振富以"时不我待、只争朝夕"的工作作风，"细致入微、秉持匠心"的精准服务，让特斯拉团队深切感受到了"临港温度"。仅仅 2 个月的时间，组织 5 家施工单位交叉施工，用回填土方 48 万立方米，使得占地近 1300 亩的特斯拉超级工厂一期工程各项土地工作就此画上圆满句号。

在王振富及其团队的不懈努力下，特斯拉项目从签约到土地摘牌，再到实现开工也仅用了 5 个多月；特斯拉项目更是创下了半年实现开工，开工当年便完成投产的壮举，真正体现了"临港速度"。

鲜为人知的是，在休现"临港温度"、跑出"临港速度"中，还让外企处处感受到了"金牌店小二"的服务精神。

去年 8 月 10 日，超强台风"利奇马"登陆上海，王振富一直坚守在防台防讯第一线。带队巡查时发现特斯拉项目周边河道水位持续上涨，当机立断安排人员投入防汛抢险。同时与临港集团及管委会联手，全力保卫初生的特斯拉超级工厂。从当晚 6 时 30 分到 11 时许，王振富始终坐镇现场指挥排水，直到屋面积水彻底排空，外围河道水位逐渐下降。第二天早上 6 时台风警报解除，王振富一颗悬着的心才放下来。

唐均君

"工业粮食"大户

上海华虹宏力半导体制造有限公司党委书记、总裁

他统筹大局，推敲细节打造"华力速度"

他凝聚力量，吹响重大工程建设的集结号

为了集成电路这份"工业粮食"

与技术赛跑，与产业规模争速

在国际领域占得一席之地

他用多年的锤炼告诉人们

探索只有进行时，没有完成时

他再次见证"华虹速度"

2016 年，浦东康桥。在"十三五"上海市重大产业项目和重大工程——上海华力 12 英寸先进生产线项目（华力二期项目）工地上，人们经常能看到一个中年人忙碌的身影。他叫唐均君，是该项目的带头人。

执掌华力二期项目这一年，唐均君已经 52 岁，早已过了"热血青年"的当儿，但还是这么拼。他说："我们国家的芯片事业起步晚，如果不加紧追赶，只会越来越受制于人。我干了一辈子的芯片，就是再想让国家的集成电路事业加速前进，早日冲到世界的前列。"在 21.5 个月后，华力二期项目告捷，工艺技术进入全球第一梯队。

2018 年，长三角区域一体化发展重点项目、华虹无锡 12 英寸生产线开工建设。帅印再一次递到了华虹宏力党委书记、总裁唐均君手上。自此，在上海到无锡的 100 多公里的路上，留下了他数百次"与技术赛跑、与产业争速"的深深足迹。仅用短短的 17 个月，我国第一条 12 英寸功率器件代工生产线在无锡建成投产，创下了行业之最，让世界再次见证了"华虹速度"。

从 8 英寸到 12 英寸，从上海到长三角，从建设第一条集成电路芯片生产线，到成为"工业粮食"的大户，再到在国际领域占得一席之地……25 年来，唐均君的内心深处，那颗澎湃自强的中国"芯"从未改变……

早在 1996 年，唐均君就参与了国内第一条 8 英寸深亚微米超大集成电路芯片生产线的建设，见证了中国集成电路产业的发展。

他经常说："只有自己强大了，未来的主动权才能牢牢掌握在自己手中。探索只有进行时，永远没有完成时。"

高 波

国门"鹰眼"

上海出入境边防检查总站上海机场边检站
十五队队长

有他在，这里坏人无缝可钻

"不该进来的一个进不来，不该出去的一个出不去。" 在上海浦东国际机场口岸，有这样一位警长，假证件仿得再真，也瞒不过他的鹰眼；偷渡客藏得再深，也躲不过他的狼耳；引渡者溜得再快，也赶不上他的豹速。他就是上海机场边检站十五队队长——高波。

一名男子被境外移民机关遣返回国，边检民警按法定流程进行审理。这似乎只是一起普通遣返案件，高波拿起护照仔细对照，发现其耳郭上的小缺口与护照照片存在微小差异！经公安信息系统核实，当事人不得不承认冒用孪生哥哥护照的事实。高波带领他的团队——"高波证研工作室"，让"鹰眼"俨然"火眼金睛"。

一名非法出境的内地男子被"请进"工作室。经专业仪器检测，其护照猫腻尽显，证件原本的照片被打印覆盖。数日后相同的造假手法"重现江湖"。伪假手法相同，户籍所在地相近，高波察觉背后可能是同一组织者。应用大数据分析排查法，他迅速锁定蛇头"老林"，几个月后，将在南方某口岸兴风作浪的"老林"逮个正着。

执勤现场查获一名冒用因公护照内贴有高仿版伪假申根签证的外籍男子。当事人着装考究，冒用证件价格不菲，伪假申根签证做工精良。高波推断，该男子背后有一个伺机行动的偷渡团伙！短短 20 分钟内，即排查出 3 名同行人行踪轨迹。高波带领抓捕小组连夜布网、迅速出击，在登机口将企图逃离的 3 名嫌疑人擒获。他查获的诸多伪假证件，在全国移民管理系统均属首例。

一双"鹰眼"看破真假
一颗赤子之心守护国门
他是天罗地网的一根可靠的经纬线
是国门上的一双机警的眼睛
是祖国一块坚实的盾牌
亮剑突击，狐狸再狡猾也躲不过
正是因为有他和战友们的无畏坚守
我们才能平安享受阳光的灿烂

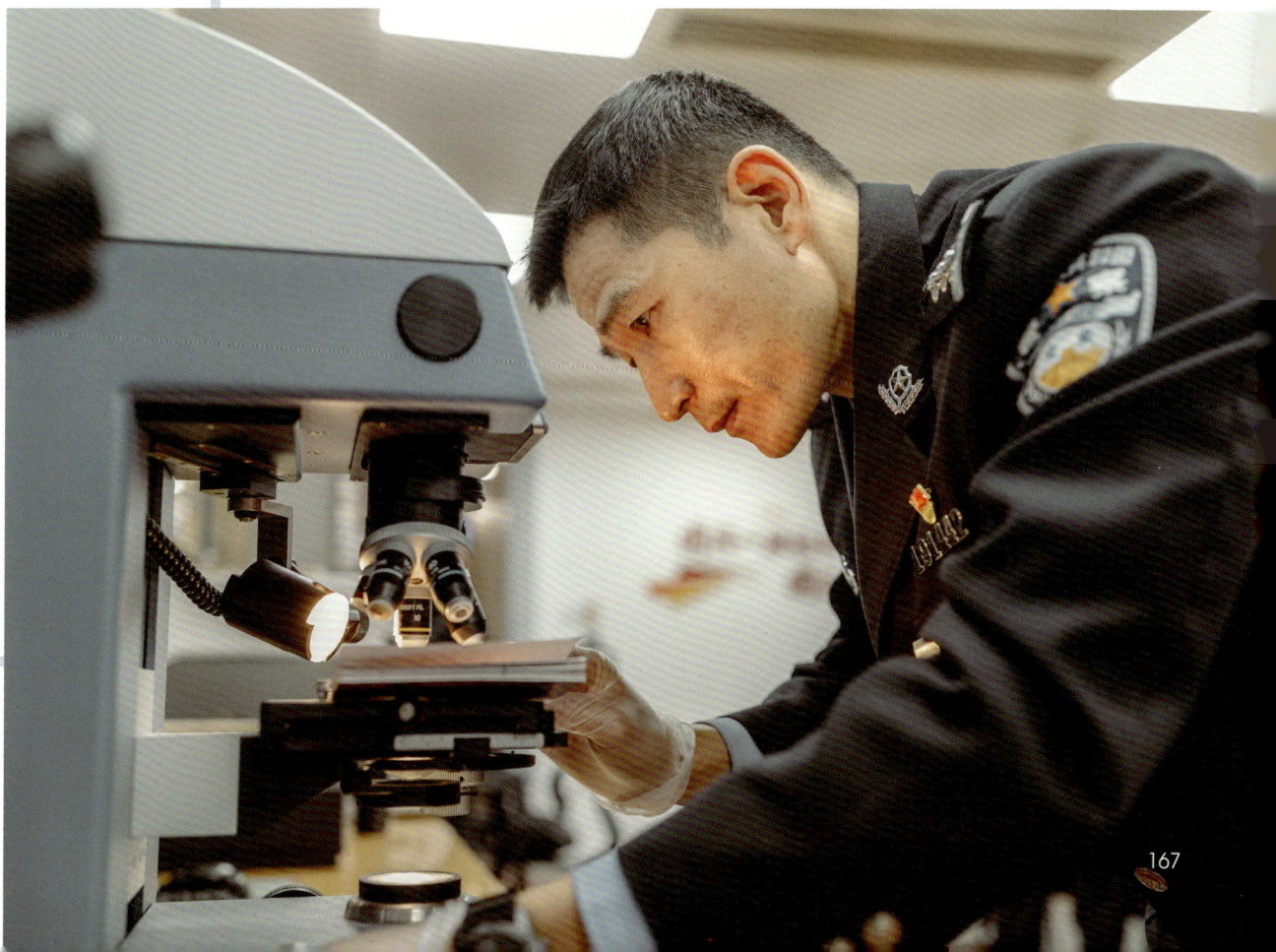

郁 非

食品柜台的"零食王"

上海第一食品连锁发展有限公司专柜柜长

用心留住顾客，用创新优化服务，聚焦"上海购物"和"上海服务"，致力于激发老字号新活力，传递国际都市的热诚温度。一包糖、一块糕，一片赤诚，一生奉献，一切都诠释了劳动光荣的无上美丽！

微笑服务，快乐你我

南京东路上的第一食品商店，对于上了年纪的上海人来说，是最珍贵的童年回忆。2018年一个普通的夜晚，商店即将打烊，一位老先生走进郁非的"一盒上海"专柜。"大叔，有什么我能帮您的？"郁非马上笑盈盈地迎了上去。"你的笑容让我觉得很熟悉，总觉得在哪里见过你。但想想也不太可能，我在外国几十年了。"

"小时候，妈妈经常带我来这里买吃的，虽然当时商场没这么大，但想吃的总是应有尽有，我呀，最喜欢吃的就是蝴蝶酥。"老先生说。讲着讲着，商场早已打烊，老先生有些不好意思："都这么晚了，耽误你下班了。""不会不会，都是我们应该做的。"郁非边说边从柜台里拿出一盒蝴蝶酥递给他："我们的蝴蝶酥改良过了，独立包装，方便携带，不易碎。"老先生连忙感谢："你不介意我现在就尝尝吧。"郁非便拆了一片，微笑着递给了老先生。吃着吃着，老先生竟流下了眼泪："还是小时候那熟悉的味道，幸福的味道。"

在第一食品商店工作27年，郁非以她的笑容感染着身边的顾客和同事。她常说："微笑服务，快乐你我。"看到有步履蹒跚的老年夫妇，她会赶忙提前帮忙按好电梯，反复叮嘱"不要急"；看到小朋友吃零食找不到垃圾桶，便贴心地递上垃圾袋；对于一些有特殊存放需求的商品，她会为顾客留下便签条温馨提醒。她的微信里有100多位客人的微信号，她总是有求必应。

这些年，很多客人认准了郁非："她不在？那我改天来买吧。"这个急速飞奔的时代，让郁非与顾客之间构筑的这种信任感和黏合度更显珍贵。

朱雯瑾

上海"带货王"

上海百联百货经营有限公司上海市第一百货商店 A 馆
地室黄金珠宝商场现场主管

彩绳编织出的美

　　朱雯瑾起初不是编绳高手，但她觉得这手艺既能吸引顾客的购买欲望，又传递了中华传统之美。于是，她专心研究小小手绳的编结技巧，总结整理和设计出十多种基本编结法、50多款花式，让各类饰品在精美手绳的搭配下更具特色，锦上添花。

　　2018年6月，她率队参加中国技能大赛，展示的内容就是首饰编绳和现场编结辅导。3天中她们编结制作了几十件精致漂亮的手绳作品供人欣赏，开办了8场编结技巧小讲堂，现场辅导60多人次，让更多人喜欢上编结产品和编织过程。

　　2019年百联集团在网上服务平台推出"百联匠心"栏目，朱雯瑾的"小珠工坊"也名列其中。在企业的支持下，通过网上发布和报名，她在周末举办了2场手工编绳课程，为大家讲授编结技巧。一位听课女士对编绳特别感兴趣，小朱手把手教了她好几种常见的绳结编法，并详细解释了各式绳结的寓意以及不同的用途。课程结束后，这位女士到柜台选购了几款编结精美的挂件，高兴地说："这些配好的编绳作为送人礼物是独一无二的。"

　　朱雯瑾还通过微信开设的公众服务号进行编织技艺的介绍宣传。2018年7月她做了一期《中国珠宝"戴"你去旅行》，一位年轻女士阅读后打电话到柜台，说看了这期内容后，对其中一款以埃菲尔铁塔为主题的彩金钻石挂件十分喜欢，柜台营业员又进行了详细的介绍，并约她来柜台看看。周末顾客如约来到柜台试戴了这款挂件，感到非常满意，营业员又向她介绍了几款与之相配的彩金手链，顾客高兴地购买了这些商品。大家都称赞朱雯瑾：线上宣传，线下销售，真是有两手。

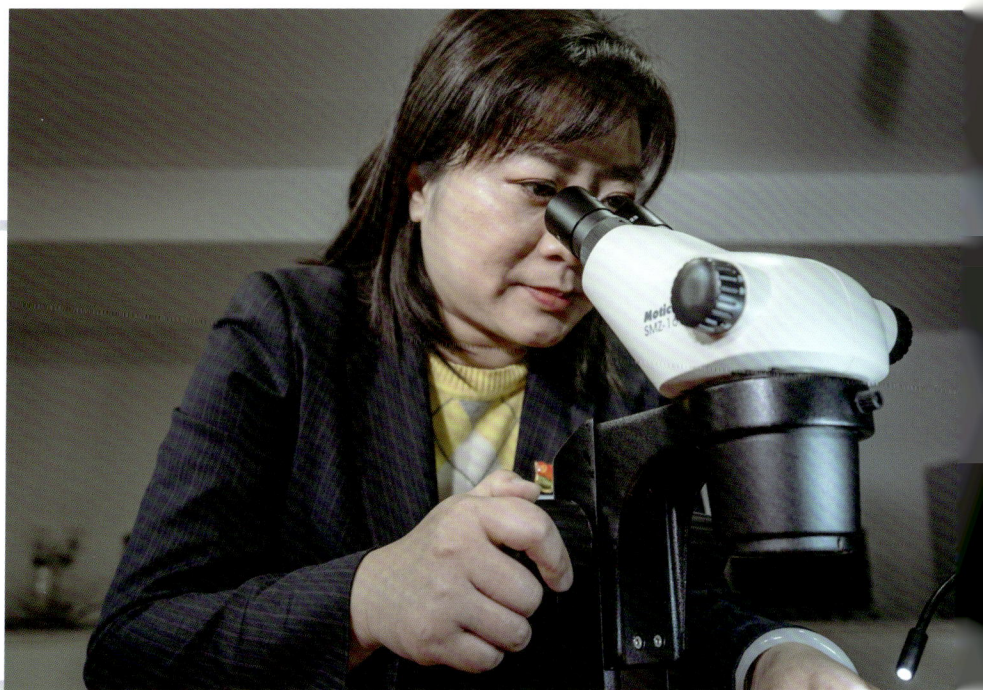

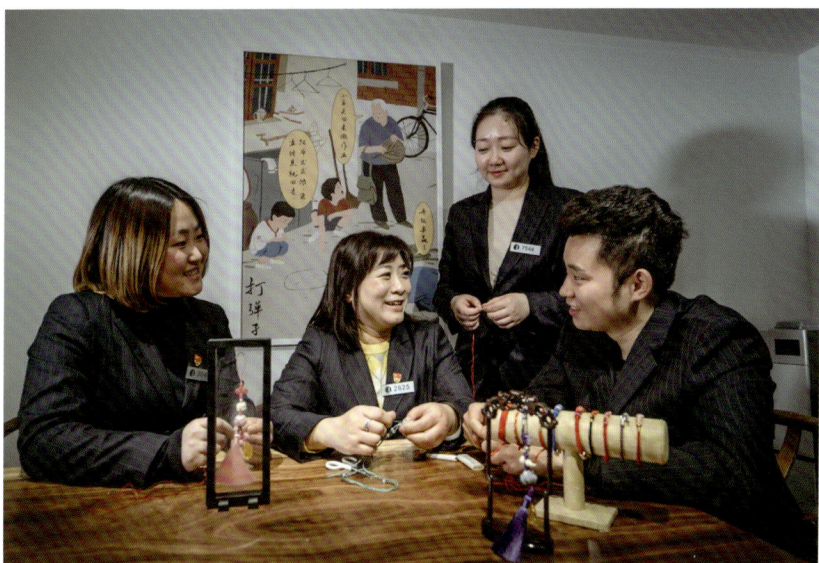

　　三尺柜台，二十六年坚守。时代在变，消费者在变，但零售服务的宗旨不变。传承马派服务精髓，创新探索服务特色，做好"上海购物"品牌的一线担当！

缪长喜

"石化强国梦"践行者

中国石油化工股份有限公司上海石油化工研究院
副总工程师、研究三部主任

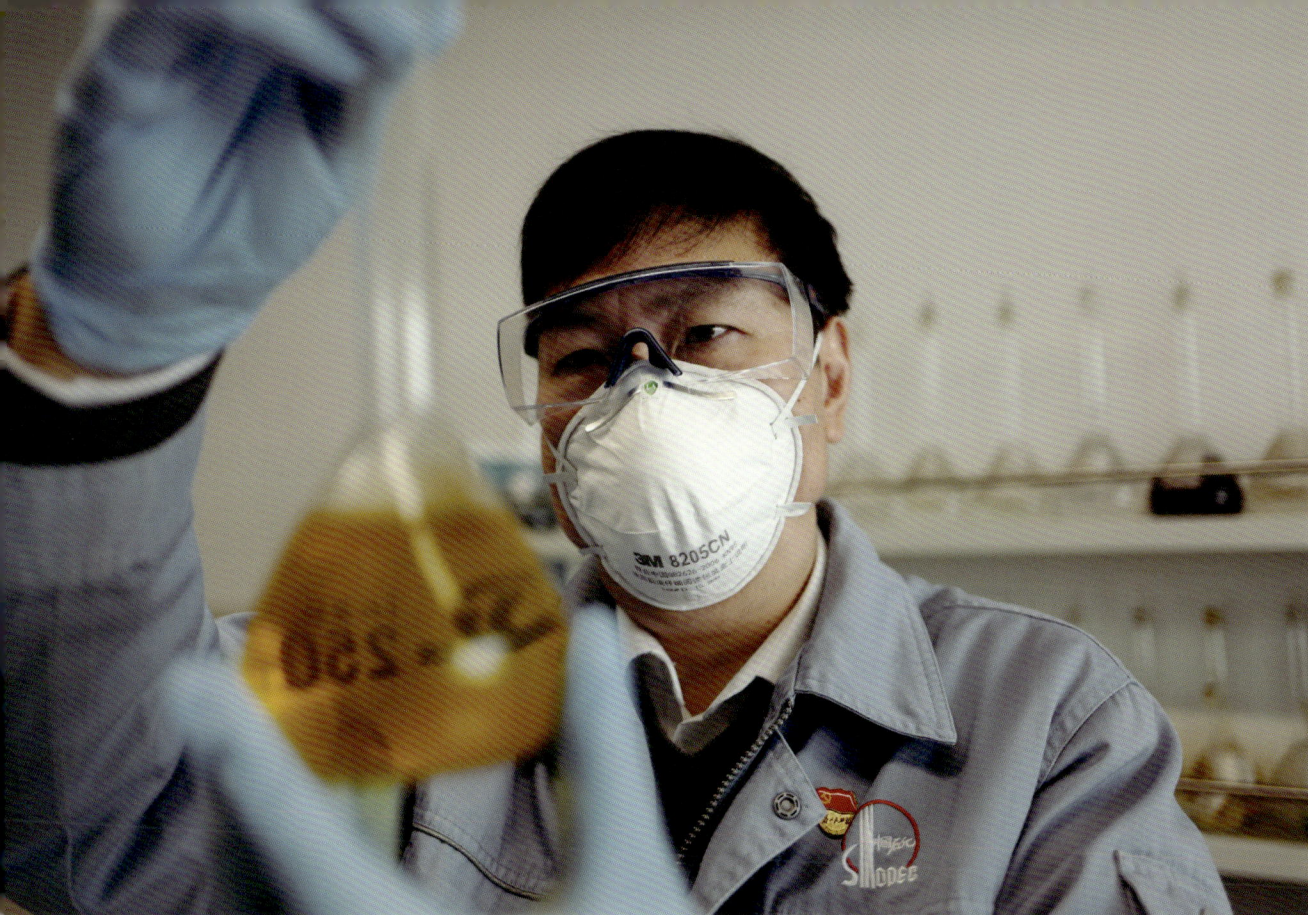

二十五载中华情

在石化行业，被誉为"工业味精"的苯乙烯，是飞机、汽车、彩电和冰箱产品必不可少的高分子原料。

然而，这一市场却被欧美垄断。对中国每年1000万吨的需求量，欧美只卖成品，不给配方；进口的设备，连螺丝钉图纸都没有。从复旦大学博士毕业赴美当访问学者的缪长喜，目睹这一切，不顾导师再三挽留，毅然选择了回国。缩短中国石油化工与国外欧美发达国家的差距，独立自主地生产属于我们自己的中华牌"工业味精"，成了缪长喜的终极目标。

在1000多个日日夜夜里，实验室成了他的家。"工作8小时出不了科学家"成了他的座右铭。经过反复试验，苯乙烯生产所需的第一支催化剂研制出来了，但与国外同类产品寿命相比仍有差距。不服输的缪长喜带着助手又试验了成千上万种配方组合，仍未有进展。直到有一天，他在梦中遇到一种新型稀土，顿时灵感迸发，也许把它"移植"过来，才有戏可唱。

材料好不容易在节前买到了。春节这天，他带着两个助手一头扎进试验中，从早上7点一直忙到晚上8点，对新的配方进行再试验。

3天后，当高温炉里取出的"工业味精"经实验室鉴定，寿命比国外同类产品延长了75%时，缪长喜和他的助手脸上充满了胜利的喜悦。

25年来，欲与国际试比高的缪长喜从未停下科研的脚步。他一次次刷新记录，将"工业味精"的寿命延长到了57个月。中国人靠吃洋人"工业味精"的时代一去不复返。苯乙烯原料已完全被国产所替代，还出口欧美、反哺世界。仅此一项，每年就为国家新增75亿元利润。

一诺廿五载，无悔九千天
助国企，破垄断，为石油化工提速
产学研用融通，力破"卡脖子"难题
胸怀世界，志在东方
没有路，就披荆斩棘
没有亮，就汇萤成炬
总有一天，用中国的技术创造财富
实现心中"石化强国梦"

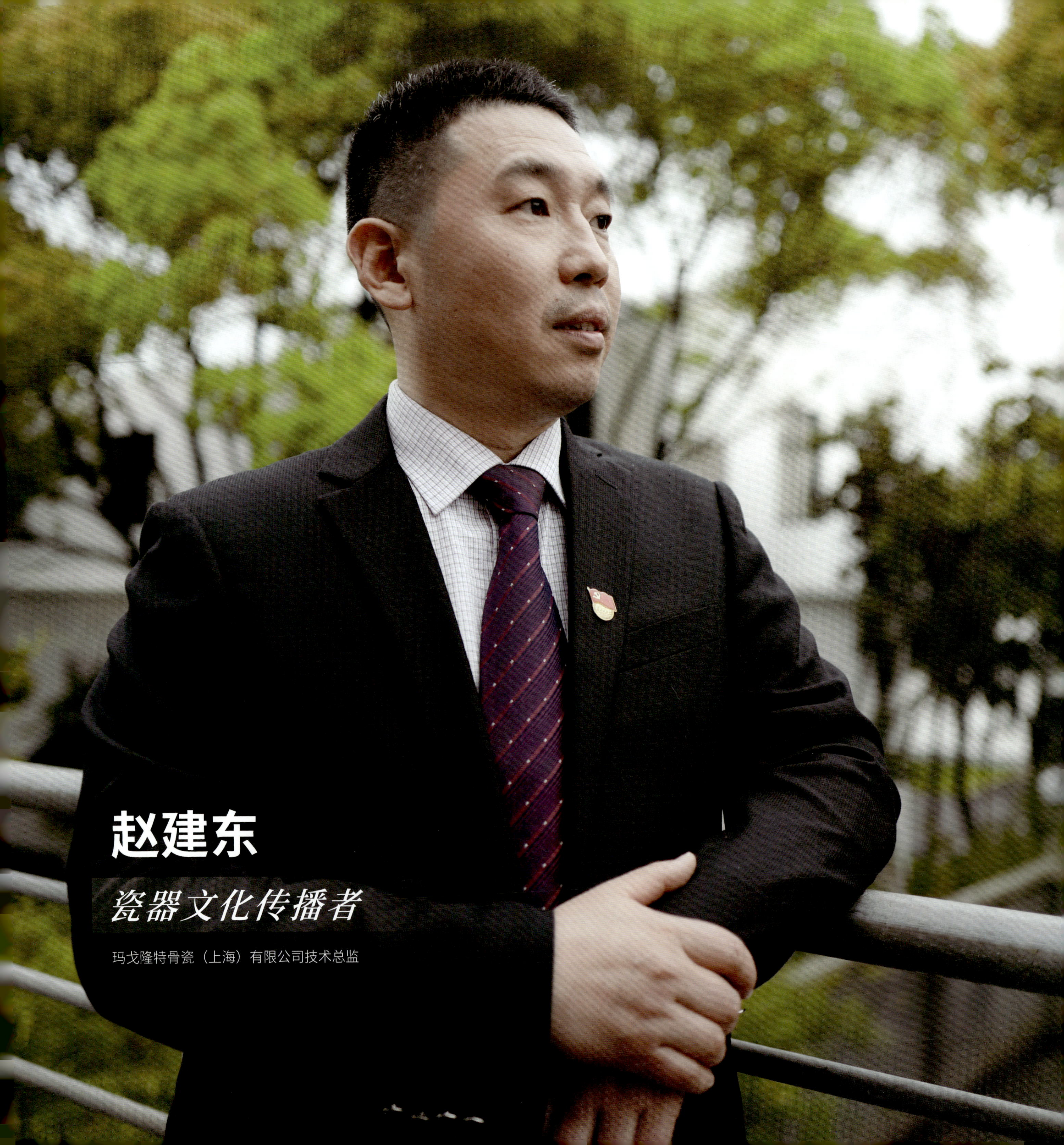

赵建东

瓷器文化传播者

玛戈隆特骨瓷（上海）有限公司技术总监

从军人到匠人，他用瓷器讲好"中国故事"
匠心独具，独创海派文化融进国礼盛宴
他以向世界传播中国传统文化和大国使命为己任
忠心诚诚，引领瓷文化飞入寻常百姓家
千锤百炼，铸成精美绝伦的工艺品
熠熠光芒，推动中国瓷器文化复兴

他让骨瓷走向世界

一个曾对瓷器艺术设计和骨瓷烧制技艺一窍不通的门外汉，如今已从一名普通的技术员成长为上海玛戈隆特骨瓷有限公司技术总监，他就是赵建东。

十几年前，赵建东从部队转业后跨进了玛戈隆特骨瓷公司的大门。凭着在部队养成的严谨作风和敢于向困难挑战的精神，赵建东从零起步，一路走来。

2015年，赵建东和设计团队承接了2016年G20杭州峰会餐瓷制作。如何使西子湖畔自然景观与峰会主题的完美融合考验着他们的智慧和力量。赵建东和设计团队一次次踏勘西湖，一遍遍查看历史文献，最终敲定用工笔带写意的笔触创作"青山绿水"。

为使骨瓷整体呈现出完美的色彩和感光，每一种颜色都需经过无数次炉窑温度和烧制时间的测试，每一件瓷器都需经过88道工序的检验。在这场成品率只有35%的烧制战役中，他们废寝忘食，夜以继日。长时间超强度高压力工作，在接近尾声时，赵建东突发胃出血，被紧急送医救治。住院期间，赵建东仍念念不忘工作，直到最后一件瓷器顺利出炉。

2018年，首届中国国际进口博览会国宴餐瓷制作又花落玛戈隆特，赵建东和设计团队反复琢磨习总书记对进博会的期望和内涵，先后探访了数十处上海历史人文景点，前后设计了10多套制作方案，最终确定"玉兰花开"主题。为使玉兰花更具立体视觉和触感，设计研发团队尝试将骨瓷与珐琅彩工艺相结合，这在国内尚属首次。经过严谨细致的实验，瓷器达到了珐琅堆花和花瓣拉丝技艺的完美融合。

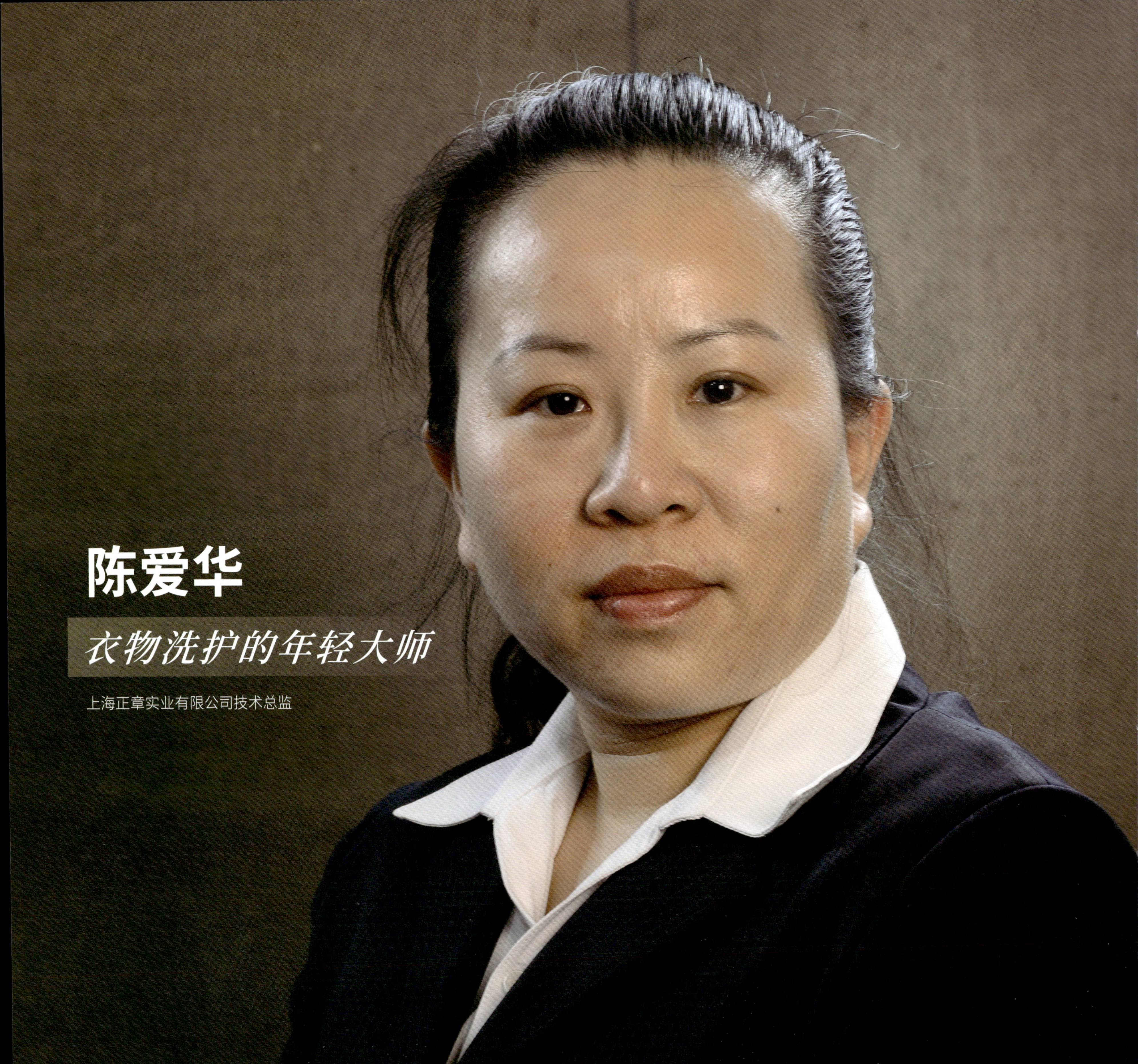

陈爱华

衣物洗护的年轻大师

上海正章实业有限公司技术总监

专业洗衣修护，倾注匠心服务，她是上海洗染行业里唯一的技能大师；她像一名为衣物治病的"老中医"，以"望闻问切"四步法为衣物带去新的生机；传承手艺，创新智能，把平凡而普通的工作，做出艺术般的精致与精彩，打造了"中国洗涤"响亮的名牌！

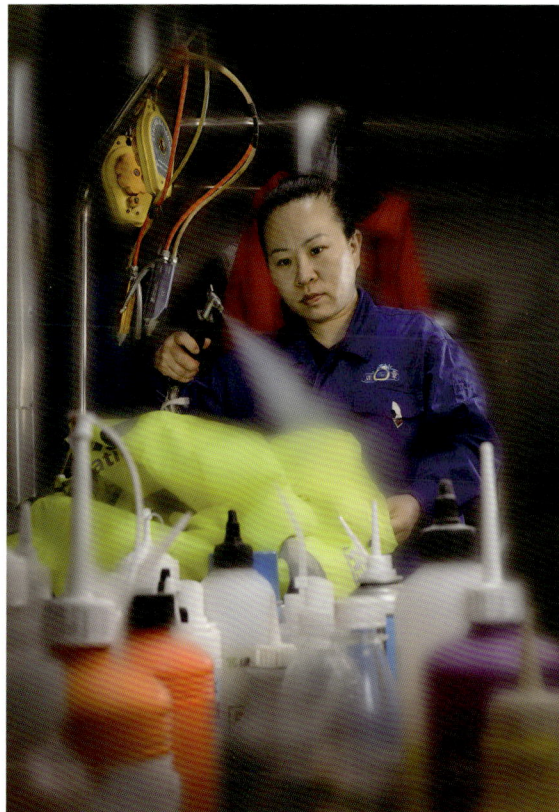

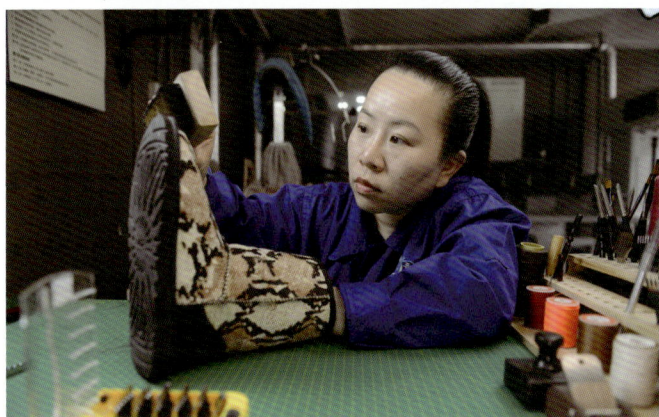

她的洗涤技术精湛无比

2018 年首届中国国际进口博览会期间，陈爱华带领团队负责肯尼亚总统的洗涤任务。面对时间紧、数量大、要求高，总统随行人员全程跟踪的新情况，陈爱华和她的团队精益求精每个环节。洗涤前，将每件衣物金属钮扣和拉链头子用锡纸包装，避免金属件损伤；将钮扣脱落及衣物脱线处缝制牢，防止二次损伤；拆卸特殊装饰品和徽章，洗后再由手工缝制。洗涤中，采用先行固色，确保面料柔软度和色牢度；对衣服前后片的不同材质，采用局部上浆、垫布熨烫平整。每次陈爱华把好最后一道关再密封包装。整个过程，从晚上 10 点一直持续到第二天凌晨 1 点，完成衣物洗涤 100 多件。连续 3 天做到品质如一，按时送达。在旁目睹全过程的肯尼亚总统随行人员对陈爱华团队认真负责的工作态度，精湛无比的洗涤技术称赞不已。

2020 年 1 月，新冠疫情最严重时期。上海正章洗染公司收到上海交通执法大队的一份特殊请求：为一线道口执法人员消毒，清洗制服和雨衣裤。冒着随时被感染的风险，陈爱华带领团队迎难而上。她们利用废旧长羽绒服自制防护服；为保障收送接触安全，消毒清洗突击队 6 名队员，6 小时完成衣物消毒、清洗和分类包装 500 多件；对制服和雨衣雨裤采取特殊消毒和清洗，如分批紫外线消毒、150 度左右筒体消毒、添加衣物除菌液、高温烘干时再消毒等。雨衣雨裤则采用先紫外线消毒再分拣，调配弱碱性洗涤剂手工刷洗，放入冷水 + 消毒水浸泡式洗涤，以减少摩擦，避免脱胶。她精湛的洗涤技术为执法人员第一时间穿上干净的制服上岗给予了有力支撑。

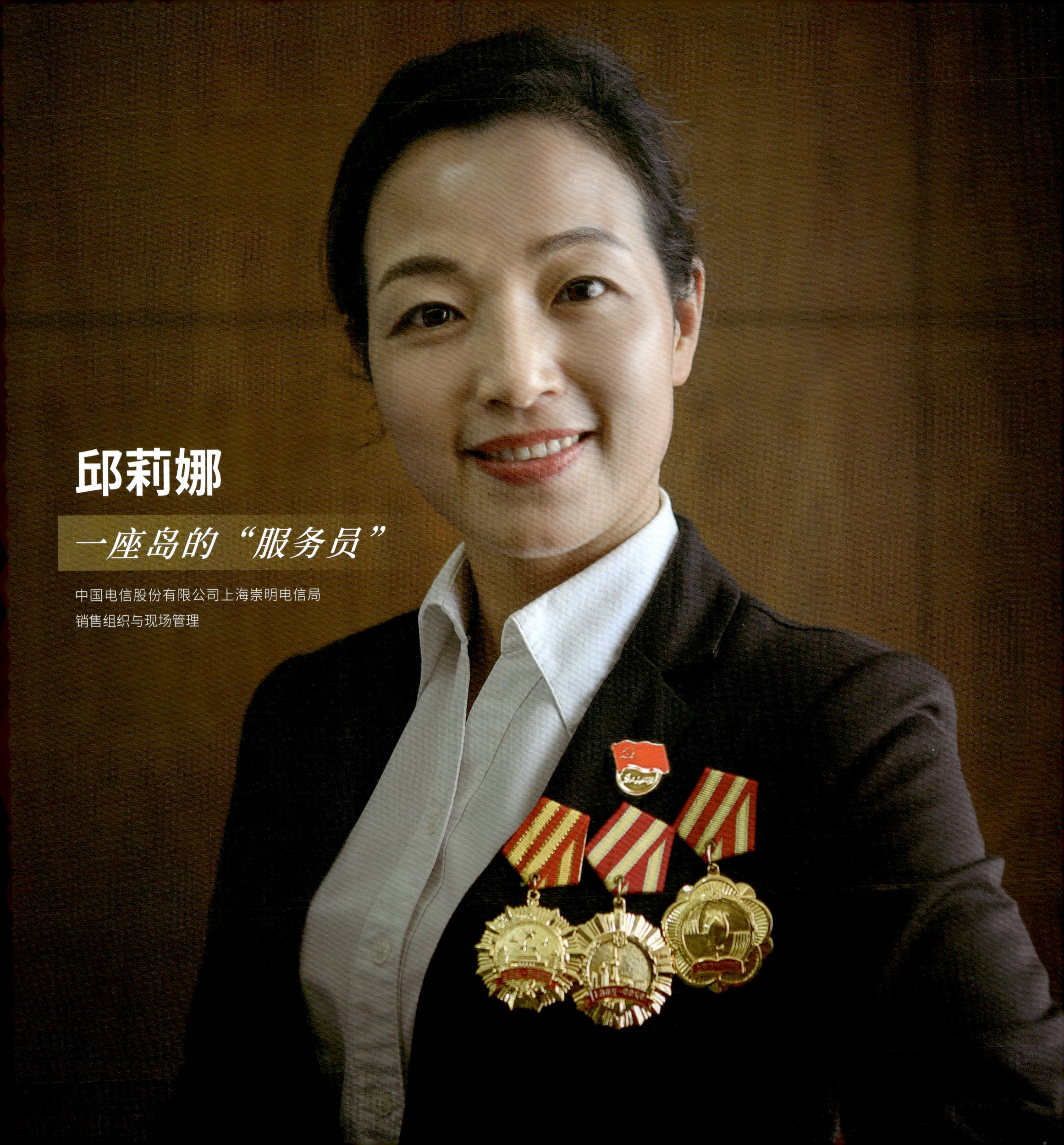

邱莉娜

一座岛的“服务员”

中国电信股份有限公司上海崇明电信局
销售组织与现场管理

她带领年轻人腾飞

从调往崇明岛电信局实体渠道运营中心的第一天起，负责崇明三岛 26 家营业厅服务的邱莉娜就清醒地认识到，身上肩负的担子更重了。

每来一位新员工，邱莉娜都会从最基本的服务要领：手势、站姿、唱收唱付、双手递送开始，手把手示范，共同分享她的高效服务。

多年来，"邱莉娜辅导站""邱莉娜带教岗"坚持为一线员工提供上门辅导，在她的培养带动下，一批又一批员工在上海电信局组织的各类月考、季考中取得了前三名的好成绩，涌现出多名"上海电信技术能手""优秀营业员"，成为基层一线营业窗口的骨干力量。

5 年来，邱莉娜的脚步还迈出营业厅，到相关单位累计授课 500 余次，培训人数高达 3 万余人，其中近 3 千学员成为她的微信朋友。一位新入职的大学生告诉她，受她讲课启发，设计了一个微创软件，把手工操作数据直接输入电脑汇总，服务程序方便快捷多了。

2020 年春节新冠疫情来袭，邱莉娜和工作室伙伴在第一时间用心编写了《疫情防控期间营业工作服务口诀》，精心录制了《内外兼修最美窗口——门店服务能力提升》网上课程，供员工学习使用，增强自我防疫意识。除了个人捐款，她还自费购买和筹集了 326 个护目镜送到每一位营业员手中。

为减少疫情对客户办理业务的影响，邱莉娜全力推出了云服务操作和"无接触服务"营业厅外呼。邱莉娜在 3 天内听取了将近 300 个外呼录音，将需要改进的建议一一记录在案，从线下到线上进行现场指导，甚至具体到"放缓语速"的要求。

一座岛、一个厅、一个人
服务全岛 4 万居民 9 年零投诉
这不是神话，是佳话
她望闻问切，把脉客户心理
诚心服务让老年人共享信息化成果
她两进"进博"，巧推智慧服务
匠心赋能助力上海服务享誉世界

CRUISE TERMINAL DEVELOP

徐 红

编织邮轮梦的人

上海吴淞口国际邮轮港发展有限公司
党委副书记、港口运营总监

匠心十年、担当实干
对这份事业的热爱
源于自己的邮轮梦
穿行邮轮港千万遍
以"高品质体验"服务每一位游客
她说，没有国际化的服务质量
就没有国际化的邮轮港

老外船长的真情"打call"

2019 年 6 月 3 日，海洋光谱号邮轮经过 47 天环球航行，抵达上海吴淞口国际邮轮港，正式开启了这艘"海上巨无霸"的中国母港航季。

邮轮靠港后，船长 Massimo Pennisi 没有像往常一样留在船上休息，他匆匆下船，看着眼前繁忙却井然有序的码头，9925 名出入境游客和 6675 件行李装卸似乎并没有打乱这座亚洲最大邮轮母港的运行秩序。想到 8 月份这里将会迎来三船同时停靠，他很担心会影响到光谱号的通关速度。

在邮轮调度中心，他见到了正有条不紊指挥港区作业的吴淞口国际邮轮港公司运营总监徐红。听了船长的顾虑后，她带他一起走了一遍。从登船廊桥到外围交通接驳点，从国内独创的大客流疏导模式、车辆预约进港、全电子导向再到新推行的自助值船、扫码进港，让船长不由感叹整条路线的高效科学。经过徐红的讲解，他担忧的问题一扫而空。

2019 年 8 月 2 日凌晨 4 点半，海洋光谱、盛世公主、地中海辉煌三艘大型邮轮陆续靠泊吴淞口国际邮轮港。徐红一如既往地早早来到调度中心，全神贯注地盯着屏幕上各个作业区域的动态。这是新航站楼正式启用的第一次三船同靠，从前一个晚上开始，整个调度中心就弥漫着紧张的氛围，随着各个环节的有序进行，徐红脸上的神情才逐渐放松下来。午休间隙，船长再次来到调度中心，这一次他不再带着担忧、疑问，用刚学会的中国礼节向徐红握手问好，笑着说："吴淞口国际邮轮港的游客数量惊人，但服务却总是井然有序。"

这一天，吴淞口国际邮轮港出入境旅客人数达 2.8 万人，再次刷新亚洲邮轮港单日接待出入境游客之最。

史志瑛

空港微笑姐

上海国际机场股份有限公司航站区管理部现场运行值班长

把简单的工作做到极致
用甜美的微笑用心服务
她是机场一道靓丽的风景线
更是不折不扣的"百科全书"
创新服务，增强体验
温暖成为了她的"标签"
也成为上海机场的服务品牌

让旅客不用心急慌忙赶路

"您好！请问有什么要帮您的吗？"每一天，史志瑛在机场问讯台，向每一位旅客展示她真诚的微笑，这是上海对世界的欢迎。

一次，一中年男子带着年迈的母亲来到浦东机场问讯柜台求助，希望帮他已患晚期癌症、从未坐过飞机的母亲了却在夕阳下看飞机起落的心愿。

虽然这个要求不属柜台服务范围，但史志瑛仍一口答应下来。凭借日常对机场信息的收集，她选择了三个最佳地点，并开车陪同这对母子前往，看着飞机在夕阳下起降的美景，母子脸上充满了幸福的笑容。

2019 年 7 月，由史志瑛带领的"翔音组"挑起了浦东机场新建卫星厅的问讯服务重担。从 7 月 19 日第一次踏勘现场到 8 月 20 日梳理清楚，史志瑛连续一个月，几乎天天工作到深夜才回家。在这个比原来 T1+T2 航站楼面积总和还要大，总面积达 62 万平方米的卫星厅，她带领团队梳理了 32 个流程、掌握了 9 大类新设备的使用，形成了近 10 万字的《卫星厅问讯手册》。连问讯台步行到各个登记口所需的时间，将步数精确到个位数，时间精确到秒，让旅客不用心急慌忙赶路。

1 月 25 日为大年初一，一位 83 岁的阿婆独自一人到浦东机场接十几年没见面、已 92 岁的姐姐从美国回来相聚。在机场大厅，她一下子没了方向，于是向问讯柜台求助。史志瑛见状，立刻安排阿婆在爱心座椅区休息，随后问清航班号，又细心拍下阿婆手机里姐姐的照片。航班刚落地，她便推着轮椅陪伴阿婆去接机。两位老姐妹一见面，相拥而泣。她又预定专车，并安全护送两位老人上车才离去。

沈 莉

地面"VIP"服务掌舵人

中国东方航空股份有限公司首席技师

用灿烂的微笑与温柔的话语
为旅客答疑解难，传递温暖
用专业的服务与贴心的陪同
为旅客升级体验，卸下疲惫
她的名字一直与"温馨组"的品牌紧密相连
也连接了每一颗奔波在路上的心

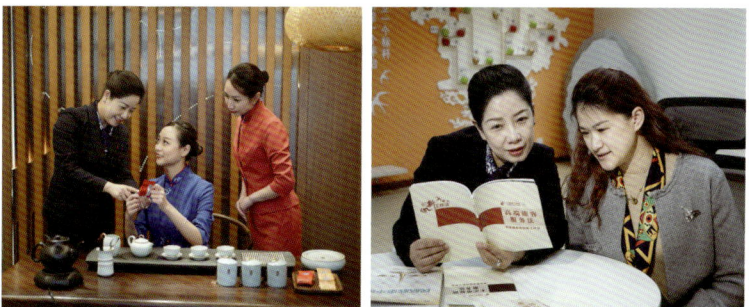

东航那碗面

2015 年春运，有一天，沈莉在东航虹桥机场 2 号航站楼 V7 贵宾室服务巡视时，发现一位老年旅客未取食任何餐点，独自坐在座位上。沈莉特意走过去，蹲下身，递上菜单："先生，请您点餐。"旅客笑着摆摆手："我吃不惯西式餐点，不用。"沈莉一下子意识到，餐食合作方是海外企业，贵宾室的确以西式餐点为主。她立刻跑去厨房与厨师沟通，专门烧了一碗热气腾腾的老上海葱油拌面送到老先生手中。

旅客对家乡美食这一份浓浓的"乡愁"，使沈莉深受启发。一个以推进"舌尖上的贵宾室"为主题的餐饮改革就此展开。沈莉带领团队开展问卷调查，从 223 份问卷中摸清旅客中以 30 岁到 55 岁的上海籍男性商务旅客居多，饮食偏好上海弄堂小吃。

2015 年 5 月 16 日，东航地服牵手擅长中式料理的东方航食，推出一天一主题的文化美食周活动，唤醒了一代人的味觉记忆，逐渐孕育出既能满足海派文化浸润下的精致味蕾需求，又能吃进肚里暖胃又暖心的"东航那碗面"。

如今，"东航那碗面"已搭载国内国际航线，从贵宾室走向空中，走出国门，荣登 2019 世界最佳航空美食榜首。

5 年来，这样贴心服务的事还有很多很多。从贴合背部曲线的沙发设计到符合人体工学的柜台高度，从吻合移动路线的餐台弧度到增加交互式体验的双屏选座……沈莉与她的团队正不断给贵宾室旅客带来更多美的享受。

何 超

英雄机长

中国东方航空股份有限公司上海飞行部飞行七部

高级飞行技术管理

两秒钟的生死抉择

　　两秒钟，对很多人来说，根本做不了任何事情，但对东航飞行部机长何超而言，却是生死之间。2016 年 10 月 11 日中午 12 点 4 分的 2 秒钟，是何超关键时刻的决断，让 443 个鲜活生命和两架价值过亿的大型客机起死回生。

　　11 日早上，何超像往常一样拉着飞行箱出门，准备执行从上海前往天津的 MU5643 航班。

　　一切如常，没人知道危险正在临近。

　　12 点 4 分，何超根据塔台指挥，从 36L 跑道起飞，当飞机滑跑速度达到 200 公里 / 小时，意外发生了，飞机右前方一架 A330 飞机正在横穿前方跑道。发现异常后，何超驾驶的飞机速度已达 240 公里 / 小时。他立即让机组人员向塔台询问，密切关注这架飞机的动向。

　　如果再按这样的速度继续下去，几秒钟后，两架载满燃油的飞机就会撞在一起，后果不堪设想……

　　是立即刹车？还是继续起飞？电光火石之间，何超凭着准确的判断、丰富的飞行经验和对飞机状态的精准掌控，果断作出继续起飞的决定。

　　两秒后，何超加大油门，把飞机拉了起来。3 秒后，何超驾驶的 A320 从前面 A330 上空呼啸而过，两架飞机距离最近时，垂直距离仅 19 米，翼尖距离仅 13 米。如果判断错误，再晚个二三秒，两架飞机就会撞在一起。

　　事后得知，这架得到空管指令穿越跑道前往航站楼停靠的 A330，正载着 266 名旅客刚刚飞抵上海。

不足 20 米的生死距离
千钧一发时，他超强应变，果敢智慧
挽救了 443 人的生命
还蓝天一片安宁
荣誉满载时，他不骄不躁，坚守初心
予社会一派正气
他是新时代英雄的楷模

187

柴闪闪

邮政界"活地图"

中国邮政集团有限公司上海市邮区中心局邮件接发员

一步一步走上了绿色之路
一件一件送达了希望之光
用心填平沟壑
用笑拉近距离
他始终坚信"人民邮政为人民"
继续走下去
在平凡中"闪闪"发光

与时俱进创新路

熟记全国 2600 多个地名，快速画出全国铁路干线图，100% 准确分拣邮件，他就是上海邮政活地图柴闪闪。

随着电子商务的兴起，对邮件包裹配送速度提出了新要求。为适应新发展，上海邮政南站邮件处理中心率先启用"一城四点"新作业模式，为邮件提速。2017 年"双十一"前夕，柴闪闪带领 20 多名员工白天到岗跟班学习，整理操作口诀，重点解决易错环节和相应办法。晚上根据员工特长上线操作，一旦发现邮件数量有误差，立即根据后台数据挑出错件，调至正确的地方。在柴闪闪带领下，经过 10 多天努力，圆满完成学习任务，为独立承担起夜班一条新生产线打下了基础。作为带教师傅，他还投入到上海邮政火车站分中心各班组进行全面辅导，保证了分中心顺利上线该作业模式，确保当年大量快递包裹精准畅运。

2018 年，他创建"柴闪闪劳模创新工作室"，为探索和运用新一代的寄递平台，精确匹配，精准投运邮件发挥了不可替代的作用。

一次，一员工像往常一样，将分中心一票发往济南的 800 多件总包信息通过王港邮件处理中心车间转发，没想到王港车间也有几千件邮件信息发往济南，一旦混杂在一起，要挑出 800 多件信息，要么等对方处理完毕，要么将装上车的邮件重新扫描采集。为避免此类情况再次发生，柴闪闪带领创新团队对原有操作模式进行改革。在柴闪闪的不断探索和大胆尝试下，发现可以运用新一代寄递平台生产系统"按来源配发"功能解决问题。这一新的功能，使总包信息可以精确匹配到每个邮件，还可成功规避以前借用车间转发信息难的问题。

陈益山

汽车“好管家”

上海嘉万汽车修理有限公司业务经理

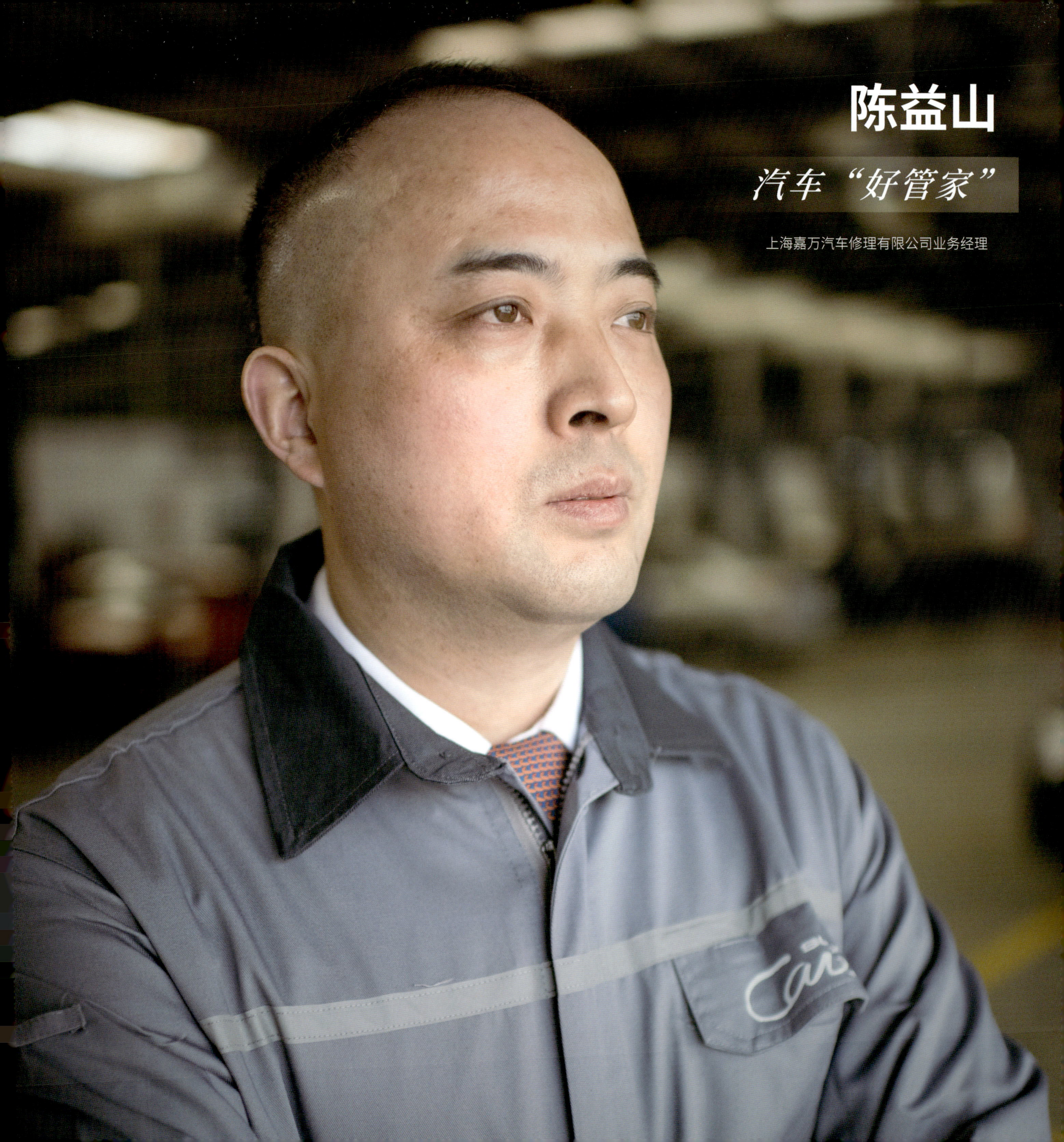

在职工眼里，他是学习标杆；在客户眼里，他是爱车卫士。他以坚持创新技术、贴心服务为基石，遵循"热情、优质、规范、真诚"的服务宗旨，尽己本能，帮助众人，感动身边人，让劳模精神薪火相传，以自己的勤勉智慧和感恩的人生态度赢得了尊重。

爱车卫士

"小陈，我的车故障灯怎么又亮了？""小陈，你在公司吗？""小陈，我的车不能发动了。""小陈……"，诸如此类的电话每天不断，陈益山已经习惯了。28 年来，经他修理过的车辆将近 3 万辆（次），车主无不赞不绝口。在客户眼中，"非他不修"早已成为大家的目标首选。

从 1992 年进入汽修岗位的第一天起，他就将为客户提供方便及时、价格公道、规范优质的修车服务作为努力方向，力求做到"一修到底"，无任何反复，让车主放心。

张先生一辆已开了 15 年的"老爷车"，虽经多家维修，仍然故障依旧。因张先生是工薪阶层，不愿置换新车，他抱着试试看的心态，慕名找到了陈益山。听了他的情况介绍，陈益山二话没说，就将车留了下来。经过仔细"体检"，他制定了"对症下药"的维修方案。几天后，当张先生从陈益山手中取到毛病已彻底根治的爱车时，激动地拉着陈益山的手连声说："谢谢！谢谢！"

近年来，根据多年的修车经验，陈益山又提出"劳模关怀、爱车护航"的汽修新理念，积极引领修理工像对待自己的车一样，为客户提供更加放心满意的服务，被广大客户一致誉为上海汽修行业"爱车守护者"。

由他发起组建的"技术创新、服务客户"维修团队推出的"维修、保养、装饰、上门接送、保险、汽车年审"等"一站式"汽车修理管家式服务极大方便了修车客户。

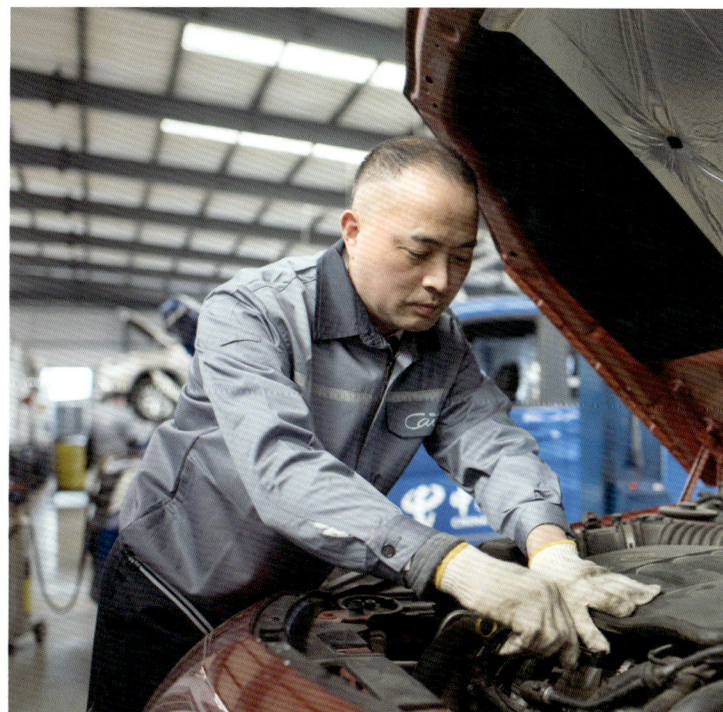

翁建和

最具匠心的上海厨师

上海锦江汤臣大酒店有限公司中餐营运总监

匠心打造，服务进博多国元首，让中国味道享誉世界；追求精髓，打响上海"四大品牌"，把最平凡的工作做到极致；坚定信仰，锲而不舍，有不平凡的洲际人生，有不寻常的独特品味。他，就是最具匠心的上海厨师。

匠心菜肴为国争光

2019 年 11 月 4 日，在上海和平饭店宴会厅，习近平总书记宴请法国总统马克龙和夫人以及其他出席第二届中国国际进口博览会的国家元首。

宴会中一道道融贯中外的美味佳肴，让各国元首赞不绝口，"芝士焗蟹粉"尤其获得了习总书记和夫人以及各位国家元首的青睐。这道菜的成功，凝聚了翁建和与锦江国际集团接待团队的匠心。在接到元首欢迎晚宴重大任务后，翁建和就考虑琢磨饮食烹调问题。经与集团领导反复研究，决定选用当季最新鲜肥美的阳澄湖大闸蟹作为原材料，制作成"芝士焗蟹粉"这道菜。怎样的器皿和装饰才能让菜肴更出彩？翁建和与团队成员冥思苦想，以古代第一个吃螃蟹的人"巴解"为原型，做成面塑人偶，盛器则采用了中国传统的紫砂材料，烧制成螃蟹形状的盅……各位国家元首对这道菜赞不绝口，纷纷竖起了大拇指。

2020 年除夕，上海援鄂首批医疗队前往武汉疫区支援一线抗疫。根据要求，翁建和迅速成立锦江工匠大师团队，争分夺秒开始研制符合运输条件的特殊菜肴。从菜单定制、食材选择、成品菜肴保鲜、菜品还原方式等方面，仅用了 3 天时间。他们共完成了 5 次援鄂医疗队的"千里投喂"任务，"家乡的味道"温暖逆行勇士的心。3 月底，上海援鄂医疗队陆续返沪，他又带队为"最美逆行者"精心准备观察期的膳食。14 天，一日三餐，42 餐不重样，让医务人员纷纷感叹道"顿顿有惊喜"。

翁建和带领沪上顶级团队向世界弘扬了中华饮食文化，展现了世界一流酒店集团的服务水平，为国家赢得了赞誉，为上海增添了光彩。

CHAPTER 05

第五篇

共享发展，实现全面小康

为在更高水平上全面建成小康社会，上海把增进市民福祉、促进人的全面发展作为发展的出发点和落脚点，不断推动高质量发展、高品质生活。

在推动实现高质量就业、全面提升教育质量、健康和医疗服务水平中，广大劳模和先进工作者坚持为人民服务，为社会尽责，在平凡的工作岗位上作出不平凡的成绩，以辛勤劳动和智慧建设人民城市。

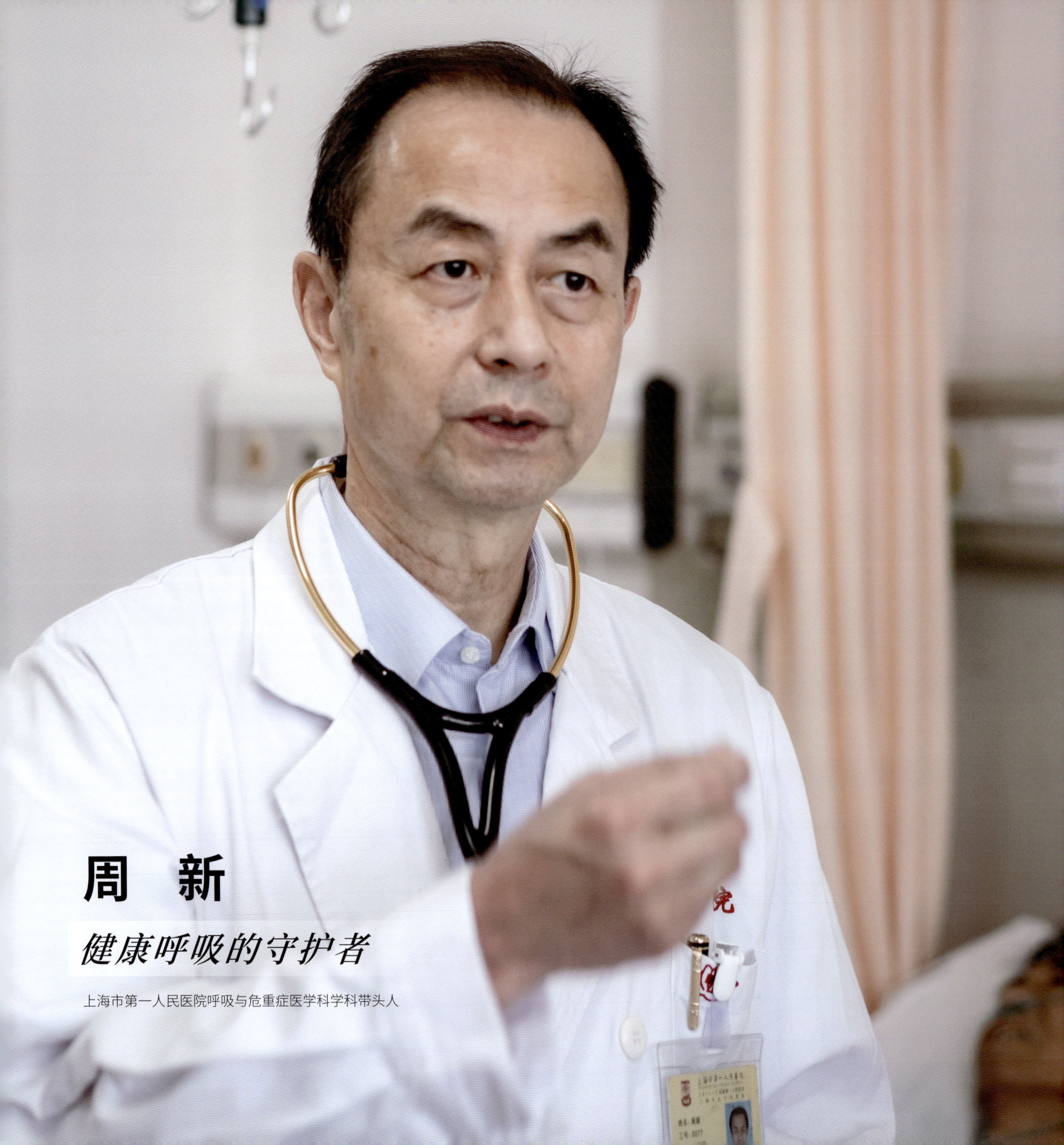

周　新

健康呼吸的守护者

上海市第一人民医院呼吸与危重症医学科学科带头人

在没有硝烟的战场，成功救下国内首例重症甲流患者；"非典"时期，冲锋陷阵护住城市安全口；"抗疫"来临，千里驰援守住武汉防控一线；不忘初心，坚守一线，你用一己之长，成为"健康呼吸"的守护者。

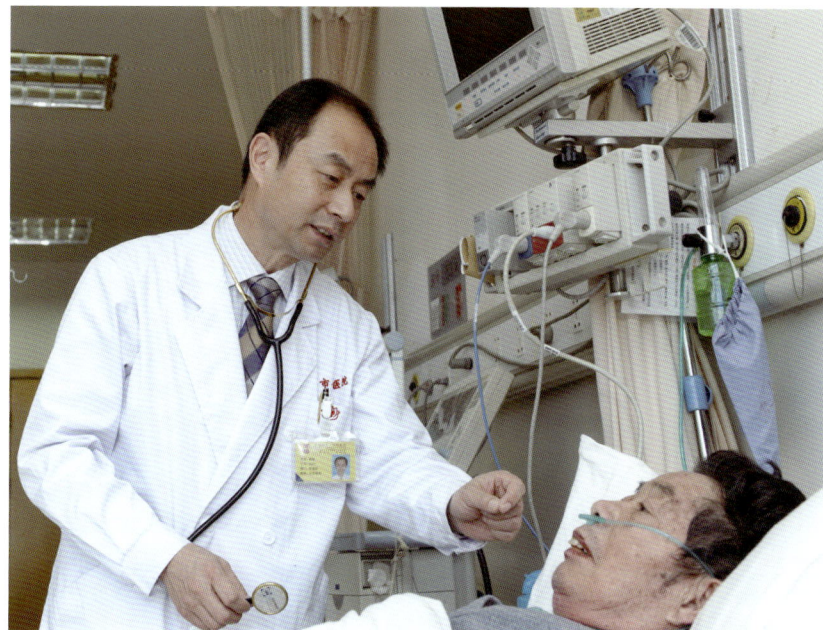

情系患者

"我以前也参与过大的流行病防治工作，SARS 流行的时候我率队去了上海公共卫生临床中心，甲型 H1N1 流行的时候我也参与并成功救治了国内首例重症甲流患者。这次是一个呼吸道的传染病，我本身就是呼吸科的医生，理所当然要参加这个医疗队。"

2020 年 1 月 24 日除夕夜，当新冠肺炎疫情来势汹汹，迅速蔓延波及全国各地之时，66 岁的周新又一次披挂出征，担任上海首批援鄂医疗队医师组长，义无反顾地冲在抗击新冠肺炎第一线。他是上海援鄂医疗队员中年龄最大的一个。

在收治危重患者最多的武汉金银潭医院，面临新环境、新病种，他用博大的仁爱之心担当起了拯救患者生命的重任。当第一例患者需要气管插管时，他冲在了所有人的前面，冒着可能被感染的风险，亲手为患者进行高风险的气管插管，直面患者唾液、飞沫与可喷溅分泌物，把风险留给了自己。在金银潭的 67 天，他每天都要进隔离病房，了解患者病情变化，及时调整治疗方案；同时对护士进行指导，完善医院防护细节等工作。上海医疗队分管两个病区共 80 张床位，收治的均是病情极为严重的患者，救治难度极大。他带领医疗组坚持"一人一案"，科学合理制定用药方案，认真研究病例并及时调整治疗方案，凡事亲力亲为，"看过了才放心"是他的口头禅。

他没有豪言壮语，有的只是"与国家共命运，与患者同呼吸"的医者使命担当。40 多个春秋，他始终恪守医道，兢兢业业诊治每一位病患，用他的精深造诣，拯救了数以万计危重患者的生命。

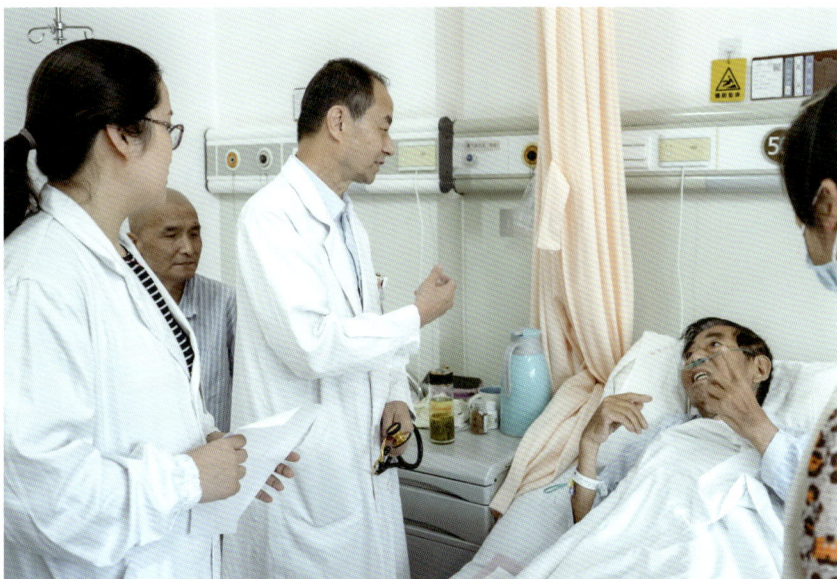

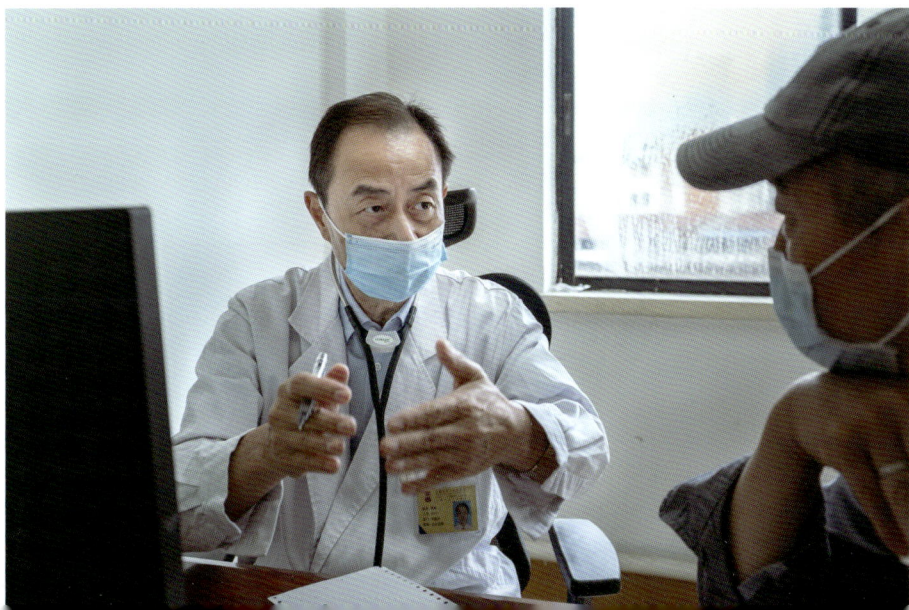

陈 贞

复旦大学附属华东医院护士长

高超医技，精心护理，唤醒了"沉睡"的最美司机；疫情面前，不曾退缩，请战"金银潭"ICU病区；重症当前，用专业扛起使命，患者当前，用微笑给予力量。当她摘下口罩时，留下让人泪目的"天使印记"。

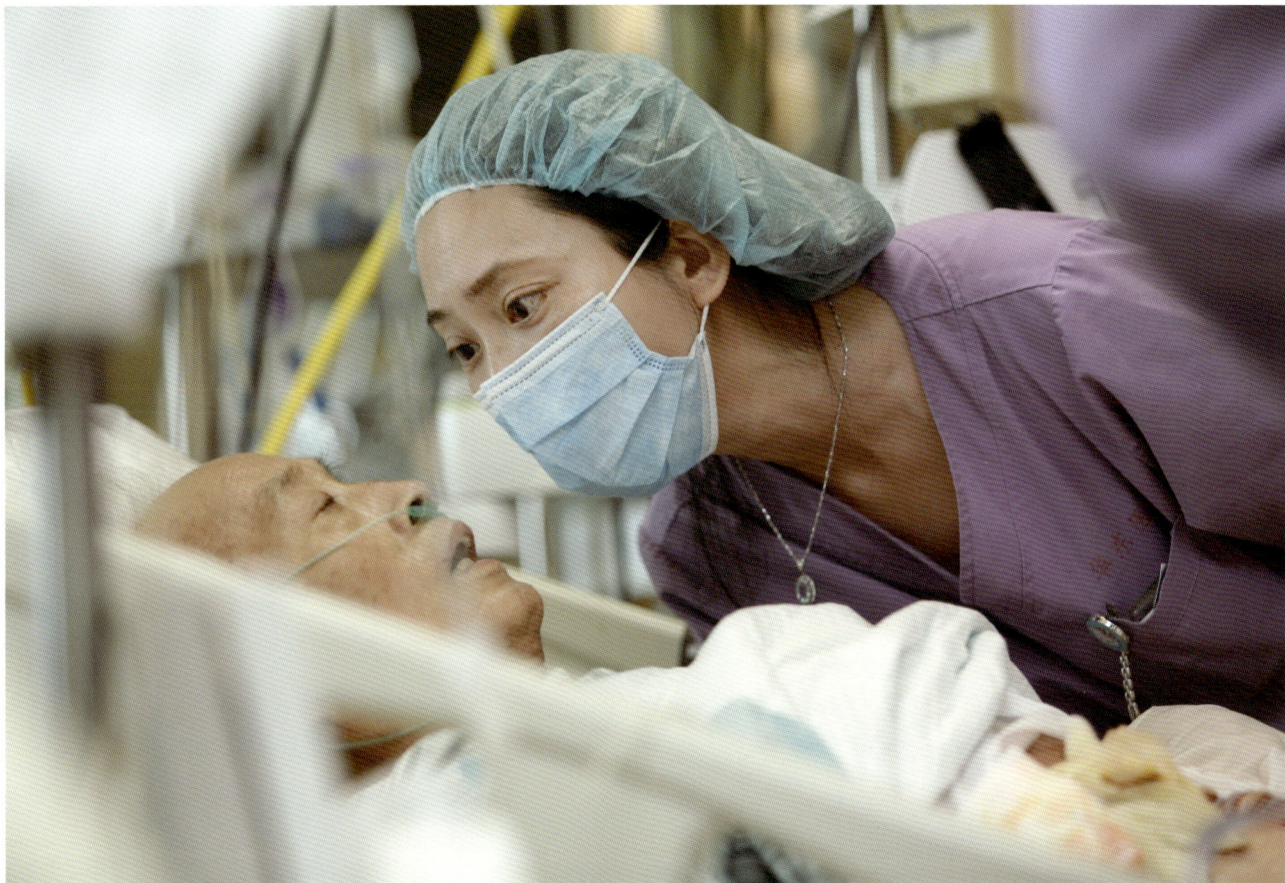

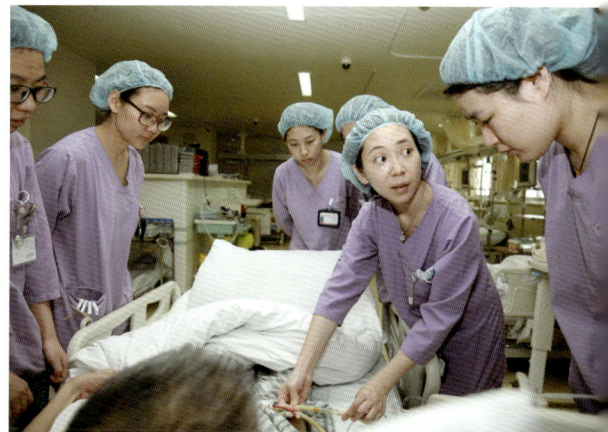

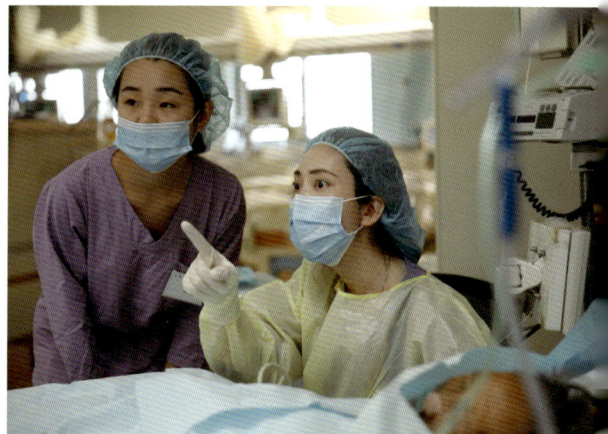

她是护士，更像亲人

2013年7月4日上午8时20分左右，巴士电车二分公司13路司机刘银宝师傅驾驶13路公交车行驶到长宁路时，突发脑溢血，他果断停车，仅用20余秒钟完成了拉手刹、放空挡、打开车门、招呼乘客下车，做完这些动作后，就昏倒在方向盘上，被送到华东医院，经过全力抢救从死神手里夺回了生命。在近两年的治疗中，陈贞和她的护士团队精心护理。为了不让昏迷的刘师傅发生压疮，陈贞每隔一小时就为他翻身、拍背，因此刘师傅的身上没有出现过一处溃烂。刘师傅苏醒有了意识后，陈贞特意为他准备了一个康复训练球，让他有知觉的左手加强锻炼。经过精心治疗和护理，他终于康复了。出院那天，刘师傅一定要记者给他和陈贞合影留念，以表达感激之情。

2020年1月，陈贞加入上海第一批援鄂医疗队驰援武汉，她是第一个在医院护理群里报名的人。除夕夜是预计的出发时间，为了让辛苦一年的其他护理姐妹踏实在家过年，她没有因为驰援而换班。下午4点，医院领导慰问除夕在岗职工，看到依旧在病区忙碌的陈贞，问她："有什么困难吗？"她微笑摇头."没事，我都安排好了。"

在武汉金银潭医院，她担任了医疗队第七党支部书记、医院北三病区护士长。病区里一个护士负责护理3个病人，而陈贞负责6个病人，其中3个病情较重。技术娴熟的她主动承担了病区内所有配合医生进行气管插管、深静脉置管、胃管置入等高风险的操作。在忙个不停的同时，她还尽可能地抽出时间和患者聊天、倾听，舒缓他们的害怕、孤独、抑郁等情绪，给予人文关怀。患者都亲切地称呼她为"大眼睛"护士长。

崔　洁

逆风而行的白衣战士

上海交通大学医学院附属瑞金医院感染科护士

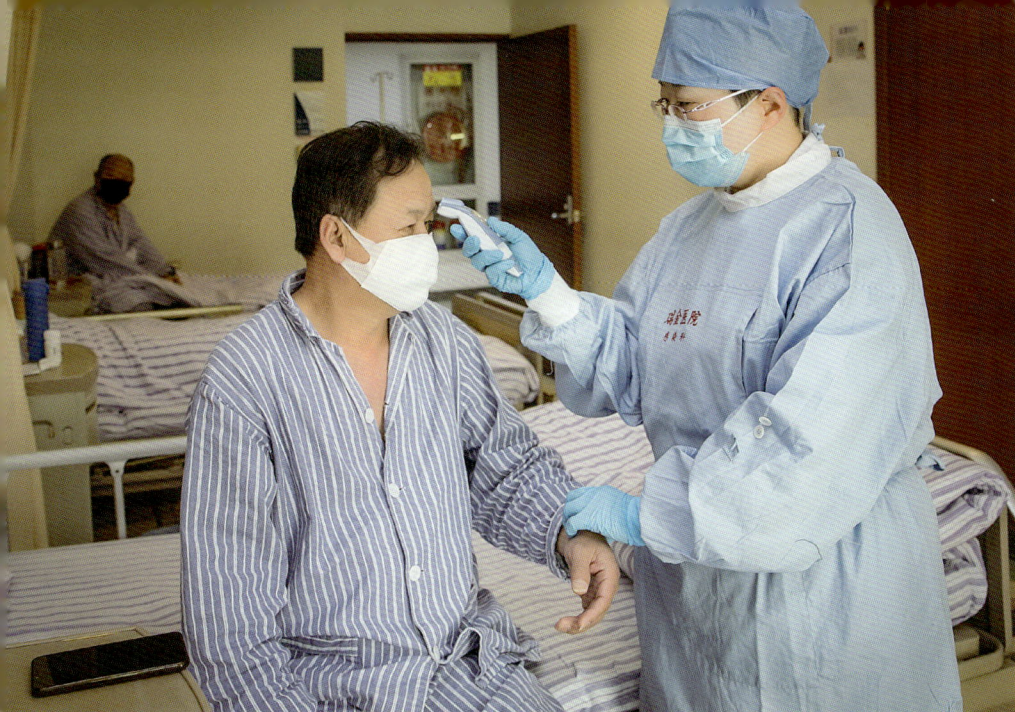

抗疫老"兵"

崔洁从卫校毕业后便与感染科——这一大部分人听到了都会有些害怕的专科结下了不解之缘。2003 年，SARS 疫情暴发，时任上海市传染病医院护士长的崔洁临危受命，成为上海第一个非典隔离病房的护士长。那段与病魔斗争的日子，她 24 小时全心守护"非典"患者，因为连续作战，累倒在病床边……崔洁说："尽管病毒是未知的，治疗上也需要探索，但我相信护理好患者，一定有用！"那年，她是诸多抗击非典的英雄之一。

2020 年新年，在新冠肺炎病毒肆虐的至暗时刻，作为瑞金医院感染科的资深护士崔洁再一次毫不犹豫报名出征驰援武汉。医院考虑到她已年近五十，且上有九旬老母下有小学二年级的一双儿女，爱人也是疾病初愈，所以并未"优先"考虑她。崔洁知道后坚定地表示："我有抗击 SRAS 的经验，是一名老党员，请组织相信我，派我去前线！"拗不过她的请求，组织批准了她的请战，崔洁如愿成为上海市第六批、瑞金医院第四批援助湖北医疗队员。

当时医疗队接到指令，不到 24 小时即要开设好病房、接收 28 位危重症患者。未知的环境、未知的患者，还有未知的疾病，这是一项超高难度却不允许有任何差池的任务。高年资、经历过非典、有丰富的临床经验……崔洁当仁不让，作为首批护理小组长，带队进入感染区接收患者，光荣完成使命。

危难时刻显担当。崔洁，在感染科护士的岗位上默默坚守 30 余年，在祖国最需要的时候，毫不犹豫冲锋在前，她身上所闪耀的，是一名党员护士最美丽的色彩。

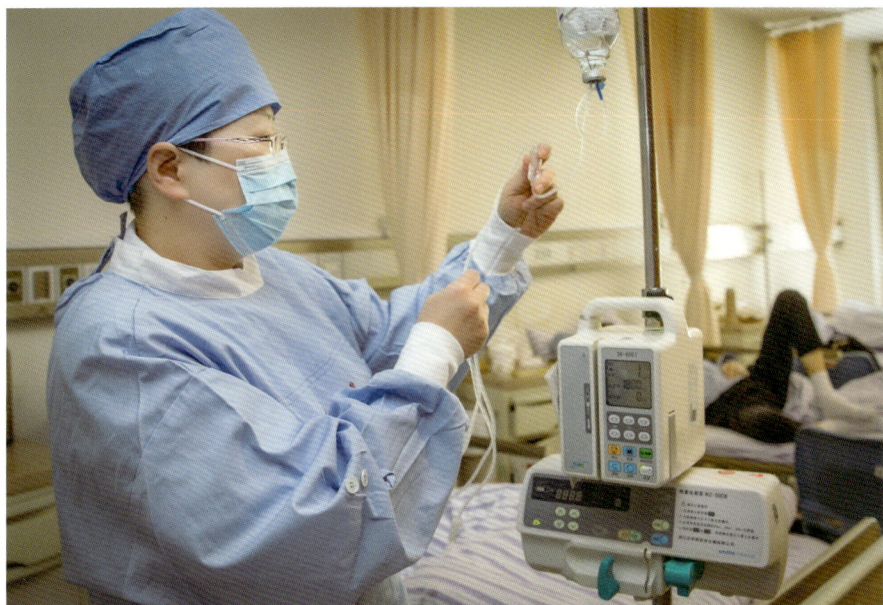

她，是满怀爱心、耐心、细心、责任心的温柔天使；她，是不畏艰险、逆风而行、抵御病魔的白衣战士。31 年执着坚守，17 年两度出征，先抗非典再战新冠，她用广博慈爱传递医学温暖，她用英勇无畏践行白衣使命！

袁政安

防疫"上海模式"推广者

上海市疾病预防控制中心党委副书记、纪委书记

从 SARS 到新冠，身经百战，伸手如雷。危险最前线，防控有绝招，科普与科研双管齐下，力推疾病防控的"上海模式"。延至全国，因地生策，行之有效，效之有力。他，默默守护这座城！

价值，在创新中体现

袁政安是一个有责任、有担当的人，在公共卫生管理岗位上，不仅承担好科普的责任，还担负了科研任务。

2020 年新冠疫情防控期间，袁政安深入防控一线，牵头病毒检测、组织分析研判，积极建言献策。他组织实施涉及上海市相关机构、长三角疾控机构的新冠疫情联合风险评估，落实新冠病毒实验室检测任务，以最快速度在 BSL-3 实验室完成 4 株新冠病毒的培养和分离，为下一步新冠科研和研发提供了必备的实验室支撑。

为了创新防治模式，对分管领域进行探索，在他组织下，上海在国内率先建立并逐步完善了结核病综合防治模式。该模式被世界卫生组织专家誉为"站在创新结核病控制策略前沿，可供其他大城市和国家借鉴和学习的"上海模式"，并在全国加以推广。他还将研究重点瞄准耐多药结核病防治这一突出难点，带领团队组织开展《大城市耐多药结核病防治适宜技术研究》《耐药结核病流行特征及耐药结核菌遗传变异研究》的系列科研项目，获得中国防痨协会科学技术奖。

近年来，袁政安先后承担了"十一五""十二五""十三五"国家科技重大专项、国家自然科学基金、上海市公共卫生重点学科等诸多科研项目，先后制定《上海市菌阳肺结核病政府减免治疗政策》《上海市菌阴肺结核病政府减免治疗政策》《上海市耐多药肺结核病政府减免治疗政策》，被政府采纳应用，使上海成为全国首个实施耐多药肺结核病政府减免治疗的地区，创造了巨大的社会效益和间接经济效益。

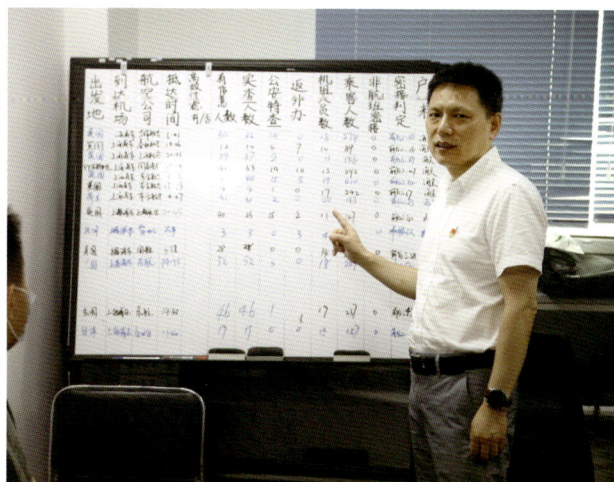

郑民华

微创外科的领路人

上海交通大学医学院附属瑞金医院普外科主任

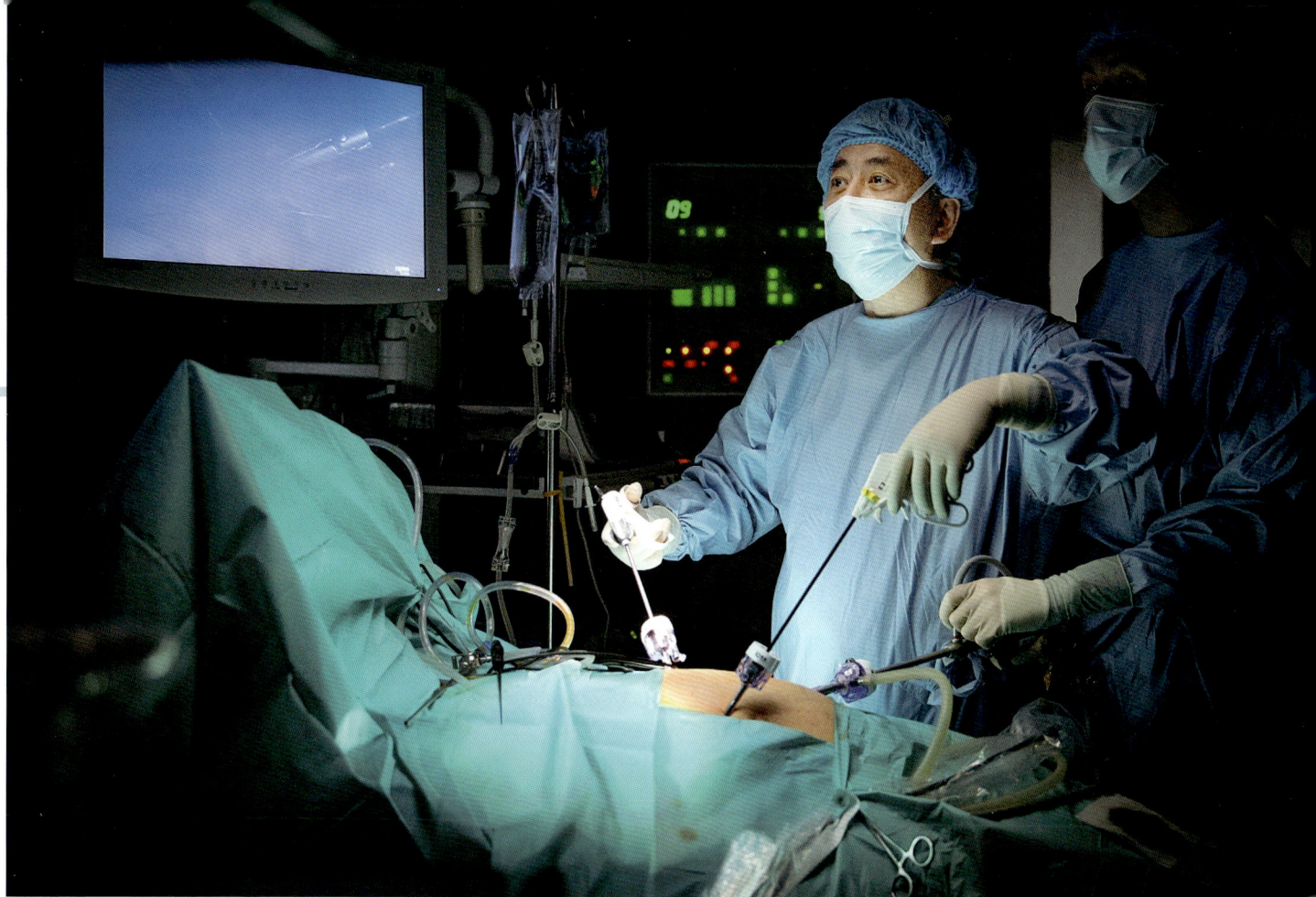

12000 个日夜，醉心于外科临床工作

8300 公里，带回最新的腹腔镜外科技术

5 万余例、30 余种腹腔镜微创手术

一个又一个"首例"

实现了国内微创外科的突破

你把时间献给了病人与医学事业

虽拥有诸多令人仰慕的学术头衔

却对"医生"这个称呼情有独钟

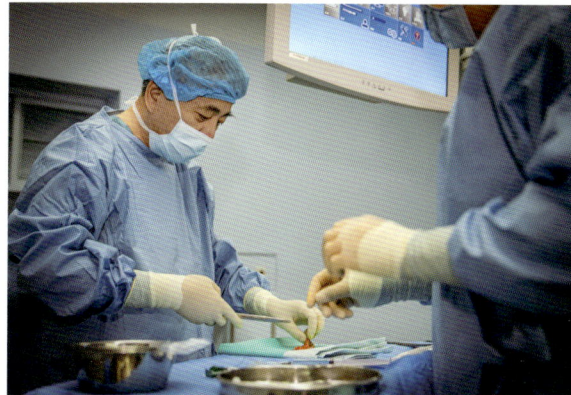

中国微创外科的开拓者

20 世纪 90 年代初，我国微创外科领域还是一片空白。郑民华当起了"空中飞人"，飞往全国各地进行学术演讲、手术演示，让人们逐渐熟悉微创外科手术并尝试接受。2018 年，他又以提升新疆喀什莎车县基层医院普外科腹腔镜技术为目标，为"健康中国"培养微创外科人才。至今，郑民华已为国内及亚太地区培养了数千名微创外科医生。

中国微创外科手术发展已有 20 多年历史。其间，郑民华不断创新，在国内首次提出"微创外科＋"理念，打造"微创外科＋技术""微创外科＋手术术式""微创外科＋设备研发""微创外科＋培训""微创外科＋临床研究"等，整合资源，构建了以患者为中心的诊疗模式。

每周四上午的专家门诊门庭若市，慕名求医的病人都会找上门来求助。郑民

华从不拒收，甚至冒着风险救治。

曾有位患者患直肠癌，因先天性动静脉瘘，继发性肺动脉高压和肾功能不全等复杂病情，使他成了"烫手山芋"，被一些医院拒之门外。郑民华收治了病人并为其动手术，术后该病人顺利出院。病人在写给瑞金医院的信中动情地说："你和你的团队一切从病人出发，对病人绝对负责的精神令我感动！"

在如今医患关系紧张的情况下，郑民华甘冒风险，为病人动手术，总有人好奇地问为什么，他给出的答案很纯粹："一个医生一定要有社会责任感。"

宣利江

"中国新药梦"践行者

中国科学院上海药物研究所研究组长

2000 多万病患者的福音

丹参入药在中国已有上千年历史，能够对冠心病等心脑血管疾病发挥有效作用，然而其有效成分却一直困扰着科研人员。

1992 年，尚在中科院上海药物所攻读博士的宣利江对这个未解之谜产生了浓厚的兴趣。

为了努力弄清楚丹参的有效成分，更安全有效地造福病患，他与合作伙伴王逸平研究员对丹参水溶性成分开展了长期的研究，在经历了无数次的实验挫折和研发失败后，最终发现了丹参的核心有效成分丹参乙酸镁，并历经 13 年终于研发出了新药丹参多酚酸盐及其粉针剂，用于治疗冠心病和心绞痛。

可谁曾想这样一位本该围着实验台、烧瓶、试管处理毫克级样品的实验室科研人员，竟然在药品研发的初期阶段"转行"化身为工业"小白"。为了尽早实现新药工业化生产，他从工业生产零基础开始到自主设计丹参多酚酸盐的最初生产线，将实验室工作和工业生产结合起来，严格把控新药生产的每一道工序。不懂生产，他就查文献；不懂工艺，他就四处请教；工业生产三班倒，他 24 小时跟踪。很多人认为生产是企业的事，但宣利江一直觉得药物的研发和生产是延续性的，发明人最清楚这个药的特征，更需要有全局意识。就这样，他克服了重重困难，出现在看来仍十分简陋的生产线，可就是在这条生产线上，宣利江确定了药品生产的可行性，为后来产业化的顺利实施奠定了基础。该药一经上市就得到了国内外高度评价。2006 年上市至今，已进入 5000 多家医院，惠及 2000 多万病患。

30 年来，宣利江潜心新药研究，在推进传统中药的研发创新和产业化中奉献自己的智慧和力量，丹参多酚酸盐就是对"新药梦"的有力答复。

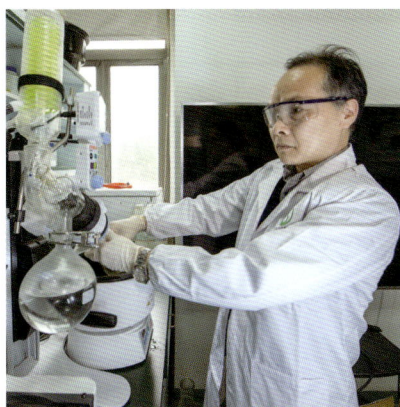

大千世界百草间，寻得一参创新药
多年追梦未曾变，惠及病患上千万
披荆斩棘的成药之路
开辟了中药现代化变革之路
从此，成为了中国新药梦的践行者

郭 文

医药护航者

中国医药工业信息中心主任

"急行军"开发抗疫信息平台

　　2020 年，新冠肺炎疫情爆发后，中国医药工业信息中心陆续接到多项来自国家工信部以及多省工信系统关于抗疫急需医药物资相关信息的查询。郭文带领员工放弃休息，提供了及时的信息查询，并紧急沟通对接医药企业，为国家应急供应保障提供了有力的支持。

　　在国家卫生健康委发布第一版"抗新冠肺炎推荐诊疗方案"后，郭文就召集团队讨论，她说："国难当头，作为国家级信息中心，我们应该也必须发挥作用。"经过两个多小时的在线讨论，大家积极高效地完成了产品探索、立项、设计的全过程。接下来的开发工作一气呵成，从发起讨论到初版上线，她带领团队以 48 小时的急行军速度开发完成了"抗新冠肺炎推荐诊疗方案药物信息平台"，并且随着疫情相关信息内容板块的逐渐增多和更新，将该平台在短短 10 天内升级迭代了 6 个版本，涵盖了诊疗方案、药品分布、生产企业、医院分布、研究进展、临床试验、大事记、专家观点、医药人在行动共 9 个版块，为医疗工作者、企业、民众等提供了全面的信息，得到政府和行业的广泛好评。

　　随着疫情防控进入攻坚期，用于救治病患、防控疫情的医疗物资生产企业复工复产情况引发社会关注。由于医疗物资需求猛增，受上游、物流等多重因素的影响，部分制剂企业也逐渐感觉到原材料供应的紧张。为了保障疫情防控药品生产供应，郭文又组织团队紧急上线了"医药行业复工复产原料供需信息平台"，通过打通药品生产供应环节的信息不对称，助力解决药品生产供应短缺问题，为打赢抗击新冠肺炎战役提供了有效的信息支持。

　　执着追求，创新实践，在医药大数据的海洋中甄别、梳理、整合，严谨再严谨，严苛再严苛。她平凡而不平庸，用最具说服力的数据信息，为医药行业的创新发展保驾护航。

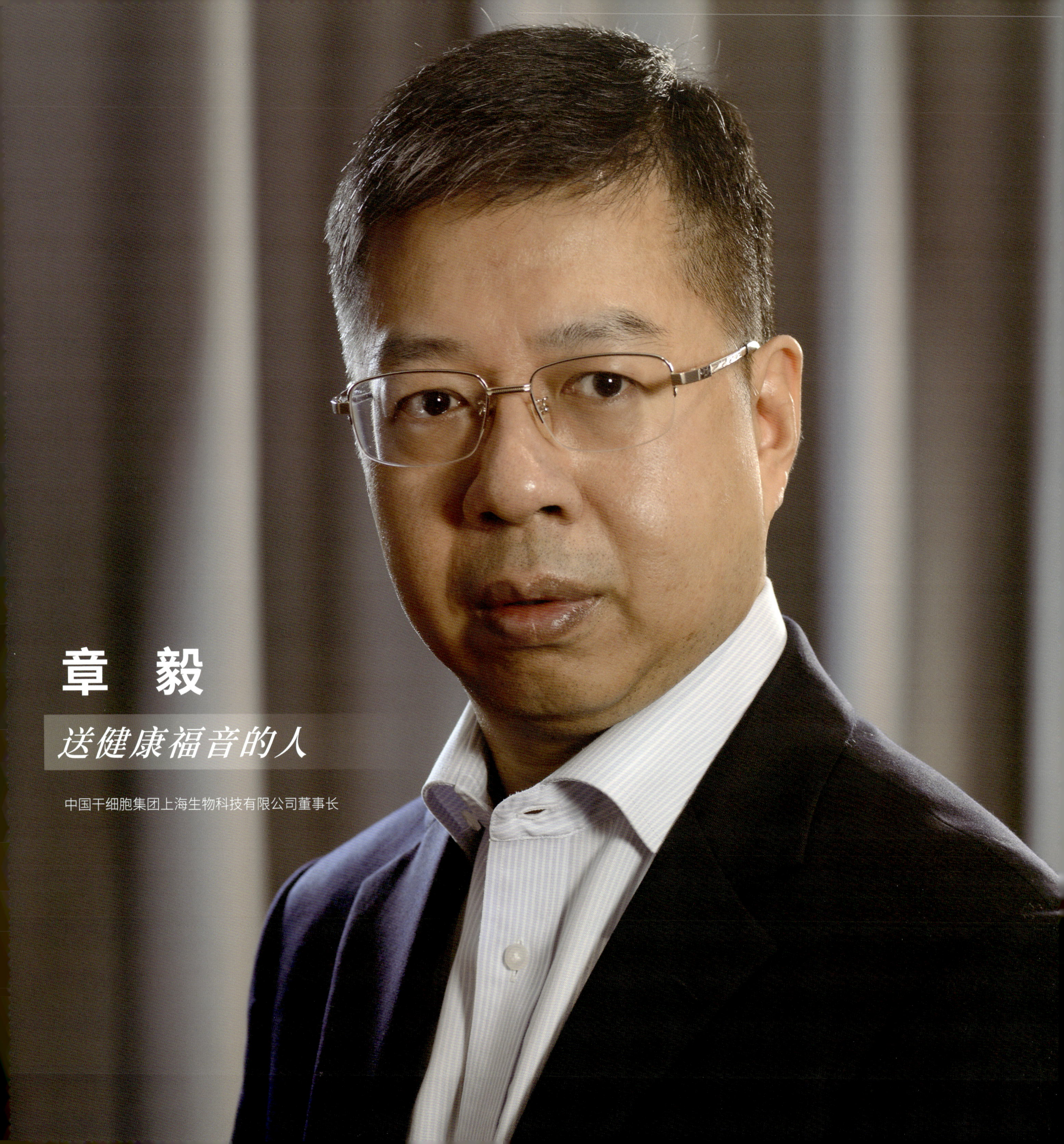

章　毅

送健康福音的人

中国干细胞集团上海生物科技有限公司董事长

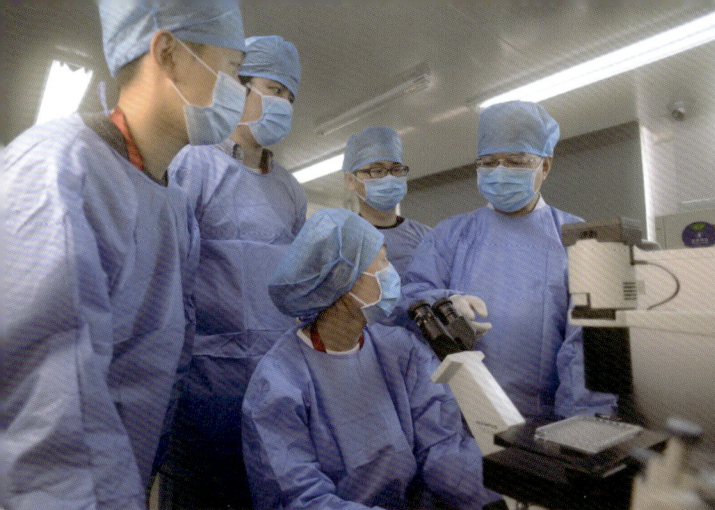

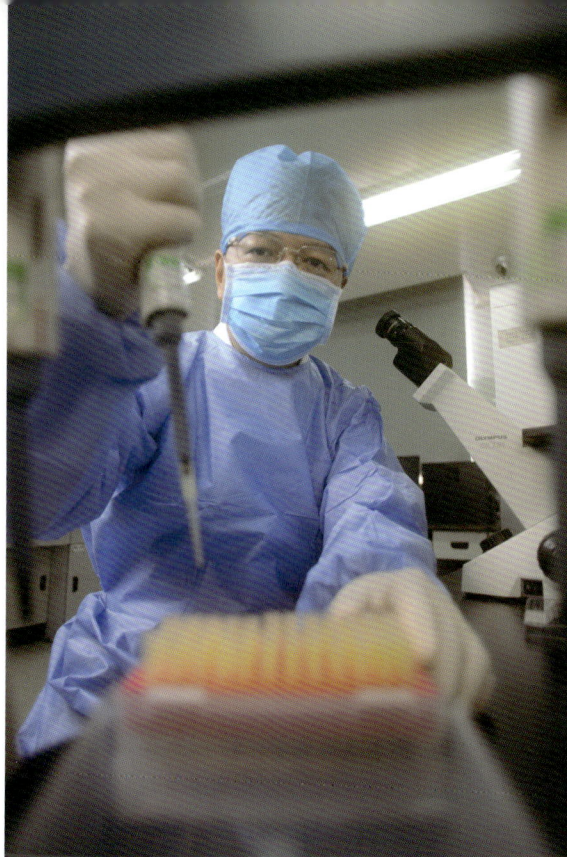

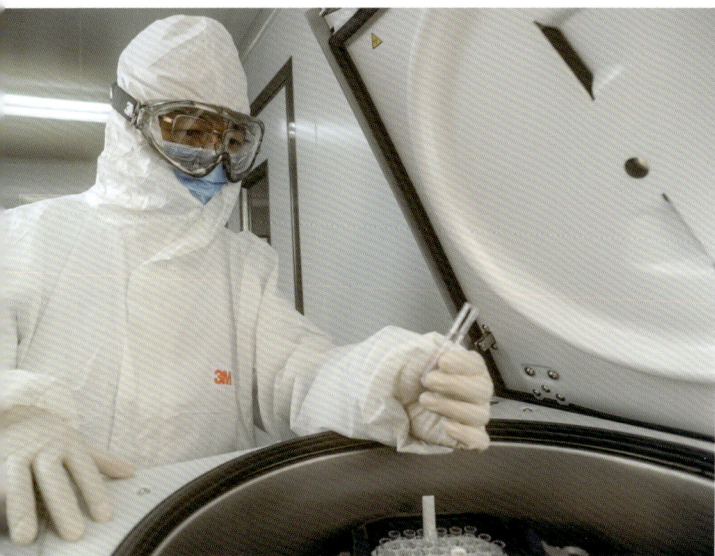

站上健康事业的巅峰，四处奔走公益扶贫，打开那些被折叠的人生，为病患送去"生"的希望；用科技赋能，用善心造福，以"提供安全、有效的干细胞服务"为己任；全方位启动行业发展新引擎，为科创中心启动全球之最，为"一带一路"送健康福音。

不让患者有担心

　　章毅，中国干细胞集团的掌门人。作为企业最高管理者，他已不用亲自冲在临床第一线了，可是5年来，每当身边的人提醒他时，他都会说这次情况特殊，是最后一次亲自出马了。可是这个最后一次的承诺一次次被他自己打破，身先士卒的背后是超过5000名的血液病患者，在他和团队的帮助下获得了新生。

　　2018年，章毅在为一名患者准备造血干细胞移植前的复苏时发现，由于助手出发时太匆忙，忘记将防冻的专业手套带在身边了。怎么办？移植患者焦急等待着，再回实验室拿肯定来个及了。章毅当机立断，就地取材，在医院里找出3副纱线手套戴上。身边的人都很担心，提醒说纱线手套是不防水的，而零下196度的液氮一旦渗漏进去就会严重冻伤手。章毅却镇定地表示：液氮渗进去也是需要时间的，只要他取出冷冻细胞的速度够快，控制在1分钟以内，应该就不会有问题。可是在1分钟内完成取出冻存支架，剪断包扎的棉线，打开金属冻存盒，检查冻存袋的外观是否完好，核对编号是否正确，放入水浴箱等六七道工序几乎是不可能的。章毅却没有丝毫迟疑，凭借行云流水般的熟练操作一气呵成，造血干细胞成功输入患者体内，周围响起了一片掌声，章毅这时才顾得上擦拭一下额头上的汗水，其实当时他也是紧张的，但不能让期待着的患者和家属有丝毫担心。

　　在他的带领下，企业已建成的干细胞库实现全球华人患者配型成功率100%，累计完成移植超过4600例，数量全国第一，他的研究成果被科技部评定为国家重点新产品。

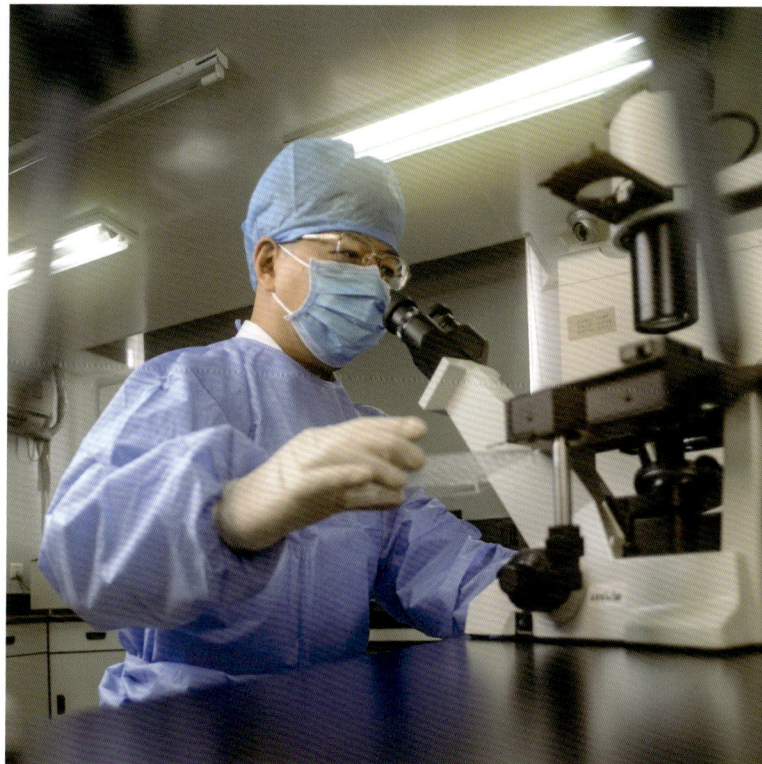

何东仪

"风湿"掌控人

上海市光华中西医结合医院副院长、
风湿免疫科主任

他宅心仁厚，为贫困患者倾心相助；他厚积薄发，传承中西医结合治疗；打造了国内首家三甲中西医结合关节病专科医院。从医三十余年，为数十万人看诊，恤微助弱，精勤不倦，书写了一个医务工作者的光荣与梦想！

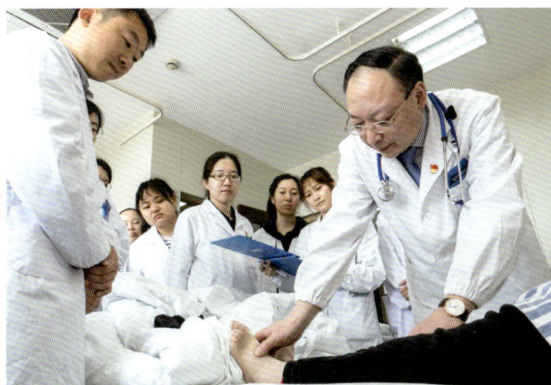

精湛医术缓解病人痛苦

25岁的小伙子小刘就要结婚了，却突发怪病、膝盖肿痛、持续恶化，最后只能坐着轮椅被推进医院。一家人心急如焚，奔赴多家医院求治无果，眼瞅婚事几近泡汤，抱着一丝希望，他来到上海市光华中西医结合医院向何东仪求诊。出身于医学世家的何东仪反复查看小刘的病史，认真给他做检查，得出结论：小伙子不仅膝关节有问题，还患了强直性脊柱炎。何东仪给他用了3个星期的药物后，小刘病情明显缓解；3个月后，病情得到完全控制，一家人转忧为喜。

何东仪专攻类风湿关节炎及关节病，在长期的医疗生涯里，渐渐摸索出一套中医辨治结合小剂量西药治疗类风湿关节炎等关节病的诊疗方法，用精湛技术为患者谋健康，给他们减少病痛带来希望。曾有一名晚期类风湿关节炎病人，因为经济困难长期缺乏治疗，导致严重的关节畸形，强烈的病痛使病人濒于崩溃，甚至几度自杀。另有一名小男孩5岁起得了类风湿关节炎，也因经济困难从未接受过正规治疗，受疾病影响，13岁的他貌似六七岁的儿童。何东仪收治了这些病人，亲自为他们制定治疗方案。在治病的同时，还积极倡议医院和科室为他们捐赠财物，以帮助他们渡过难关。因为用药得当，短短几天，病人的疼痛感就减轻了，重新鼓起了生活的信心。

在何东仪的率领下，光华医院关节内科门诊量逐年增加，年门诊量从20年前的3.9万人次，上升到现在的17万人次；年住院人数从二三百人增长到现在的6000多人。

毕琳丽

百草识辨人

上海上药华宇药业有限公司饮片质量员

"火眼金睛" 辨别真伪药材

"这是伪品。"药材验收现场,毕琳丽说得掷地有声!

2015 年,中药材柴胡市场需求大,上海华宇药业想方设法收到一批足足 2000 公斤的柴胡。那天,货到公司,经初步检验认定为合格。没想到,即将入库时,被公司质量管理部的质检员毕琳丽给截住了。

这批柴胡的外皮颜色与上海平常使用的北柴胡特征很相似,但具有丰富中药材鉴别经验的毕琳丽,敏锐地察觉来货存在微不可察的异样。她立即叫停进仓,建议进行重检。

眼看好不容易采收到的紧俏药材,被毕琳丽提出了异议,大家心里不免有些焦虑。这事闹到毕琳丽的师傅那里,"老法师"是上海中药行业屈指可数的药材鉴别技术权威,平时药材检测遇上疑难,他过眼后往往一锤定音。可这回"老法师"却故意说得模棱两可。毕琳丽急了,她再次对这批来货的性状和味道进行仔细甄别,最后坚定地得出"这是伪品"的结论,拒绝在验货单上签收。

师傅舒心地笑了,毕琳丽的坚持,使他看到爱徒真正成材了。事实证明,这批货的来路确实不正,很可能与市面上流通的一批假柴胡同属一个产地。

毕琳丽的大脑里储存着 600 多种药材的相关知识,高度仿真的假虫草瞅上一眼便能立刻露出"马脚"。在这些年饮片验收与放行过程中,毕琳丽凭借着对专业精益求精的追求,多次阻止来货商品中岩柏、酸枣仁、白芨、冰球子及秦皮等中药饮片伪品、混淆品入库,不仅避免了公司在经济上的重大损失,也避免了伪劣中药饮片进入上海的流通市场。

二十六载,深耕于中药材鉴别领域,炼就了"手摸、眼看、口尝、鼻嗅"的鉴别绝技,以专业精神守护中药传承;她是师傅的骄傲,是徒弟的良师,是同行眼里的大师,更是群众心里的时代楷模。她立志传承中医药文化,造福于民!

杨丽芳

呵护病患的天使

上海市青浦区中医医院护理部副主任

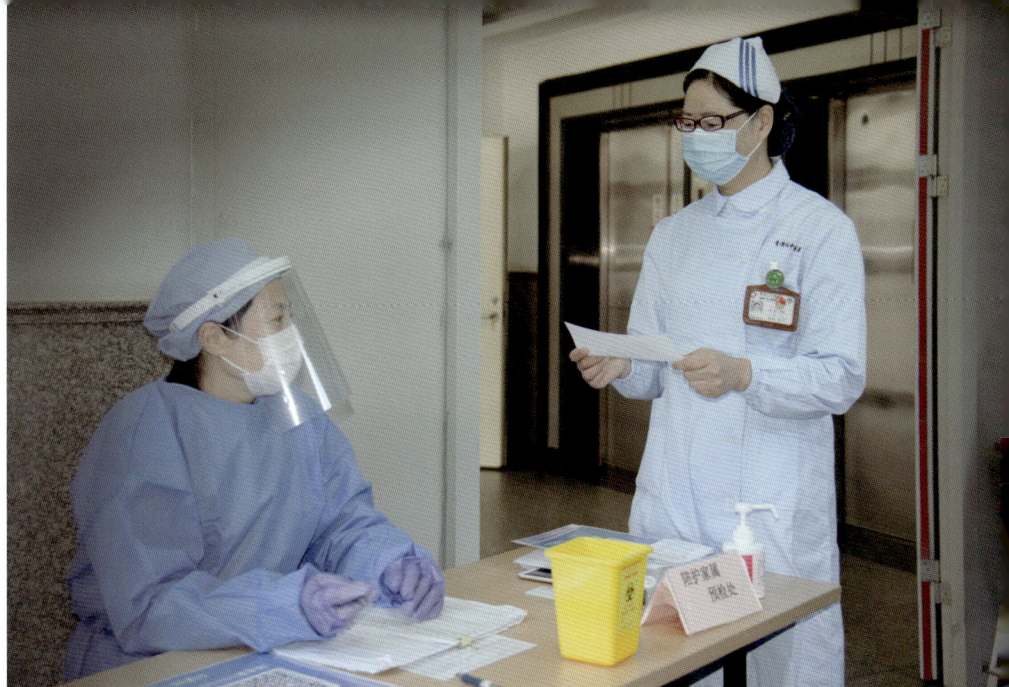

有一种责任，叫党员；有一种奉献，叫医者。从事护理工作的你，常修从医之德，常怀律己之心，带领团队奔走防疫一线，改变模式创新护理方法，让优质服务"走"进每一位病患心中。

"儿女都没您那份爱心"

"杨丽芳优质护理服务团队"的病房内收治了一位80多岁的脑梗患者，老人全身上下有30余处压疮，远远地就能闻到一股腐臭味，有的创面甚至已深达筋膜，直接露出了骨头。

杨丽芳坐到老人身边，握住老人的双手说："阿婆，没事，我们一起来护理您，一定能战胜疾病！"她根据压疮的深度和面积，详细制定护理计划。每天一早，她总会来病房，带领团队为老人翻身、擦洗、上药和更换干净衣服，同时协助医生去除腐肉。虽然老人言语不利，只能简单回应几句，但她总会在病床前坐一会儿，陪她唠唠家常。"阿婆，这两天饭吃得下点了么？您要多吃点，这样才好得快，才能早点出院回家。"俗话说三分治疗七分护理，经过两个多月的精心护理，老人身上的压疮竟奇迹般愈合了。老人舒服了，患者家属红着眼眶激动地说："杨医生，我们真是没有想到老太太能有这么一天！儿女都没您那份爱心，真是太谢谢您了！"

午初，新冠病毒突袭而至，在这危急时刻，杨丽芳第一时间主动请缨驰援武汉，虽然未能如愿，但她始终奔走在医院抗疫一线，穿上防护服，哪里需要她就出现在哪里。接上级紧急命令，需增派护士协助海关核酸采样，她又一次主动报名："我是党员，家里没有任何困难，自己又有丰富的护理经验，恳请组织派我到最前线，我可以随时出发！"7月5日，杨丽芳作为队长率领青浦区采样分队整装出发，前往一线，为守护国门，守护好百姓健康，夜以继日默默奋战着，用行动诠释了一名医务工作者的使命与担当。

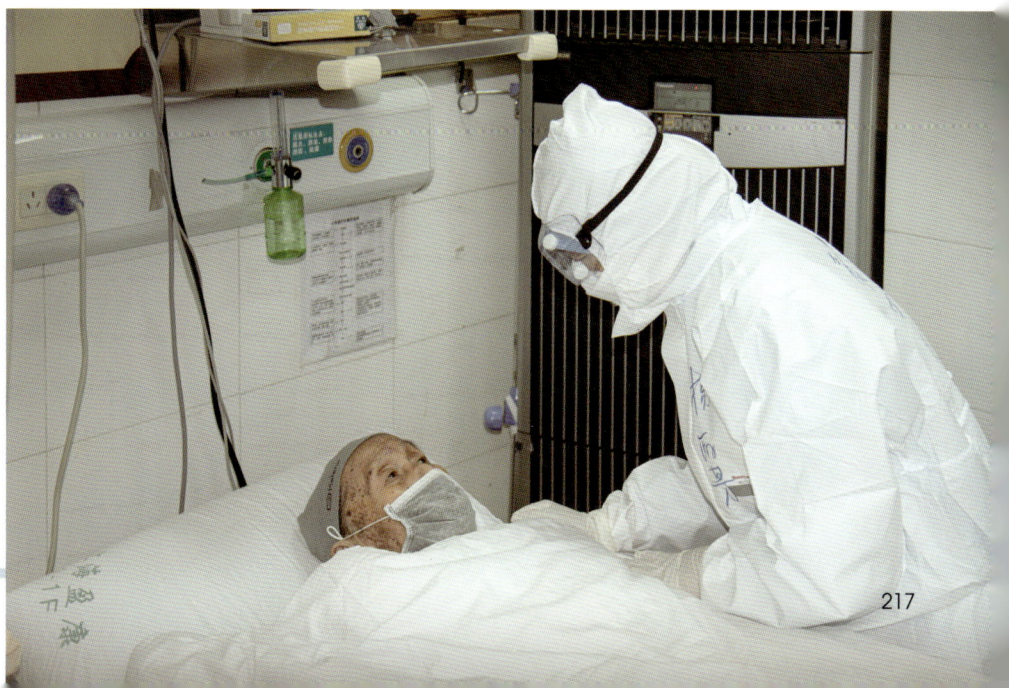

赵志芳

生命的疗伤天使

上海交通大学医学院附属第九人民医院黄浦分院
李琦换药室护士长

她让患者能下地了

今年三月的某一天，一位耄耋之年的女患者坐着轮椅车进了换药室。尽管戴着口罩，从她的眼神里依然可以看到痛苦。

新冠肺炎疫情下，急于求诊的一定是重症患者，赵志芳心里有数。打开纱布，一股恶臭扑鼻而来，伤口破溃，脓血渗透，右足已肿成馒头一般。询问中得知，这位阿婆83岁，是糖尿病患者，因为疫情，起初是在家里处理伤口，后来到社区医院换药，可就是不见好转，辗转多家医院，仍没有起色。伤口从最初的小破口一直感染到右足大拇趾，甚至蔓延至整个足背。医生建议截肢，但患者死活不肯。"没有脚，要命有啥用！"阿婆绝望道。

患者抱着最后一丝希望，慕名前来求助李琦换药室。"阿婆，我会尽力的！"赵志芳坚定而有力量的话语燃起了患者的希望。她详细了解患者病情及就诊经历，又考虑到风险控制及治疗愿望后，拿出了治疗建议："阿婆，要保脚，先住院吧，只要配合治疗还是有希望的。"患者相信她，接受了住院治疗。赵志芳每天不间断为患者换药、清洁伤口、消毒，了解全身及伤口局部情况，确定伤口护理方案。治疗中，她如啄木鸟般慢慢将恶臭腐肉剔除；将深部肉眼看不到的坏死筋膜及死腔打开进行感染治疗；对于多处窦道腔隙，运用独特探针螺旋法保持引流通畅，在红肿处敷上中药油膏促进伤口愈合。

功夫不负有心人。三个月后奇迹发生了，患者右足伤口逐渐愈合，也能下地了。阿婆面对赵志芳感激之情溢于言表："您给了我第二次生命，是名副其实的疗伤天使！"

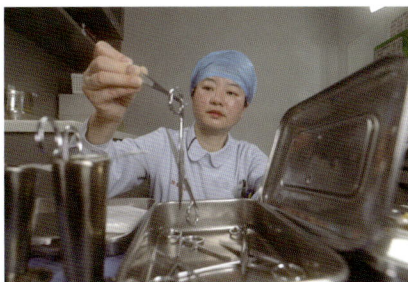

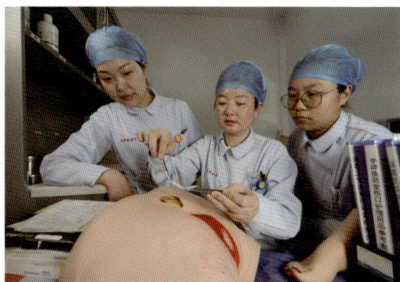

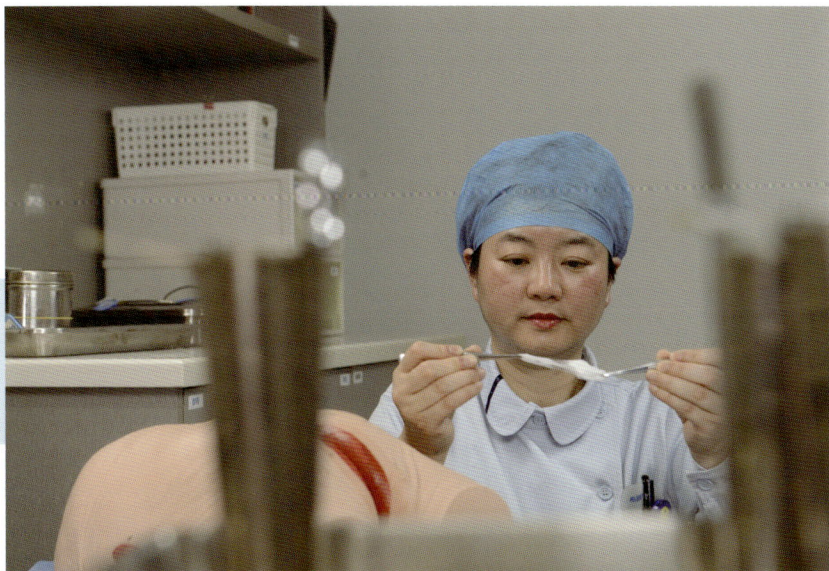

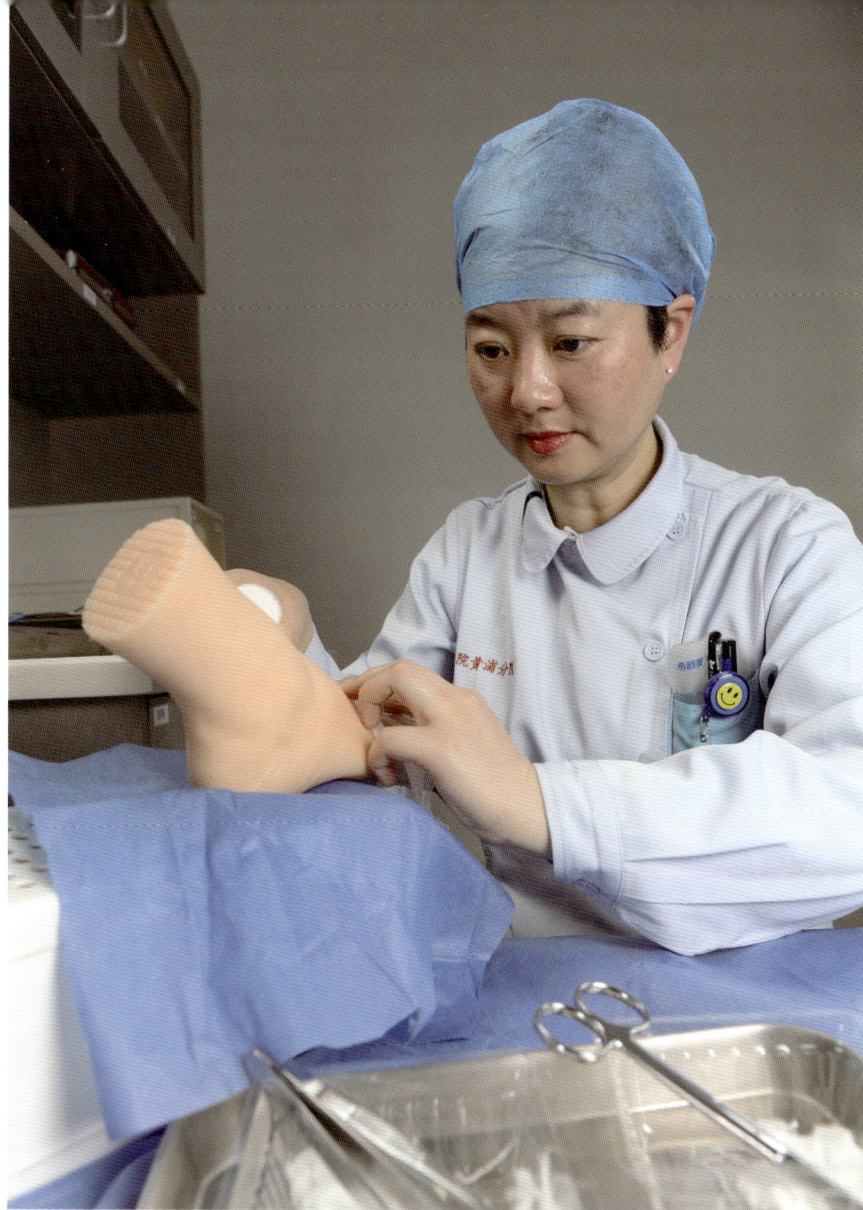

仁心化春雨，仁术释顽疾，师从"南丁格尔奖"获得者李琦，以医者仁心延续前辈的足迹，钻研换药技术、探索伤口护理新模式，为患者减轻疼痛，造就福音。

钱文昊

牙医界的"艺术家"

上海市徐汇区牙病防治所执行所长

"治病救人不能按下暂停键"

2020 年 2 月的一天，一位牙痛患者来医院看病，说他牙痛得已经好几天不能吃饭了，夜里经常梦中痛醒，再这么下去要引起发热了，想想就害怕。去了好几家医院求诊，包括三甲医院在内，都告诉他现在疫情期间，医院口腔门诊都处于关闭状态。他实在没有办法，偏方也试了，止痛药也吃了，都不管用。

钱文昊这天正好在门口做志愿者，他就是听不得病人喊牙痛，了解情况后，为了消除患者顾虑，他引导患者填好流调表，测体温，核实 14 天行程轨迹；一切正常后，他穿上闷热的防护服，戴上面罩、N95 口罩，开始为患者治疗牙髓疾病。短短 15 分钟治疗时间，防护服中的他早已汗流浃背，面罩里全是雾气，他完全依靠经验在闷热模糊的条件下圆满完成治疗，帮助病人保住了患牙。

"急性牙痛不能等，急需用药不能停，治病救人不能按下暂停键。"钱文昊经常说。20 多年初衷不改，老百姓的医院就是老百姓的卫士，就算荣获上海市科技进步二等奖、市重点学科，也发表过 SCI 等高质量文章，成为了上海工匠……他依然热衷于用最先进的技术、最合理的收费、最优质的医疗去保住每一颗似乎被判了死刑的患牙。这就是钱文昊，一位情系病人、来自一线的高级口腔专家。

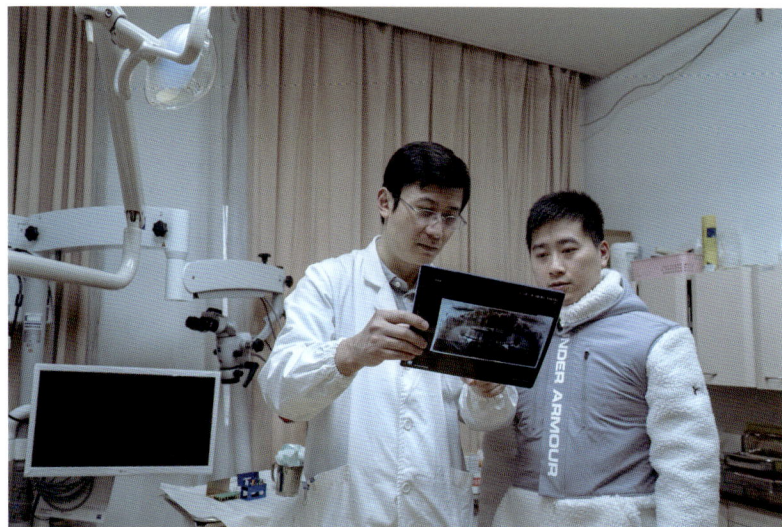

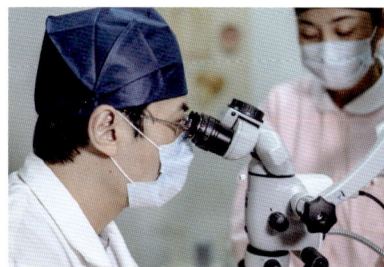

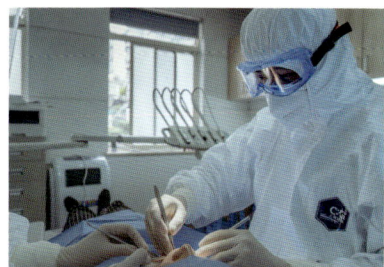

以行医者之大任为己任，医德惠人，医术救人。是牙防系统科研者，亦是远走西藏科普者。于己，是职责所需，于社会，是力行所能。

陈明青

传递信仰的人

华东师范大学第一附属中学学生处副主任

播撒信仰种子的园丁

1998 年，陈明青毕业后选择了去华东师大一附中，当了一名思政课教师。有人为她感到惋惜，说思政课教师地位在学校不太高，又没人要听。她说："不管别人怎么看待，我自己喜欢。只要你上好了这门课，对学生的成长有用，学校、社会、家长就会认可你，支持你。"

思政课光讲大道理没有用，要在"共情"中"共鸣"，在树立信心中奠基信仰。陈明青讲"中国共产党的领导地位是历史和人民的选择"，会给同学们播放《建国大业》《建党伟业》等电影片段，会把思政课堂搬到中共一大会址，让学生在情景中体会中国共产党人的奋斗历程，体悟中国共产党人的精神。

疫情期间，陈明青在云端为全市中小学生上了"在战疫中成长"的思政课。"钟南山院士的逆行""一名初中生只身背回 1.5 万只口罩""中国建造的速度"，通过一个个让人暖心、令人动容的故事，传递中国力量和中国自信。

2017 年，陈明青要到农村薄弱学校支教带高三，有人劝她不要去，说农村孩子不好教，弄不好会砸掉你特级教师的牌子。陈明青说："我不怕砸牌子，我不是为了这个牌子才做教育的。"她摸索出一套对农村薄弱学校适用的育人方法，提出：教学基于学生起点，学生不同，我的教育教学方法就会不同。在支教的几年中，她让更多学生爱上了思政课，同时成绩也提高了。陈明青用实际行动诠释了"教育需要坚实的科学基础，因人而异、因材施教"的理念。

三尺讲台，21 年从未改变的阵地；铸魂育人，内化成心中强大的信念；把马克思主义的种子深深播撒在学生心田，把思想政治的教育深深印刻在学子脑海，她是引路人，培养了一批批新时代社会主义事业的接班人！

陈立群

最受欢迎的“动力”老师

上海大学力学与工程科学学院教授

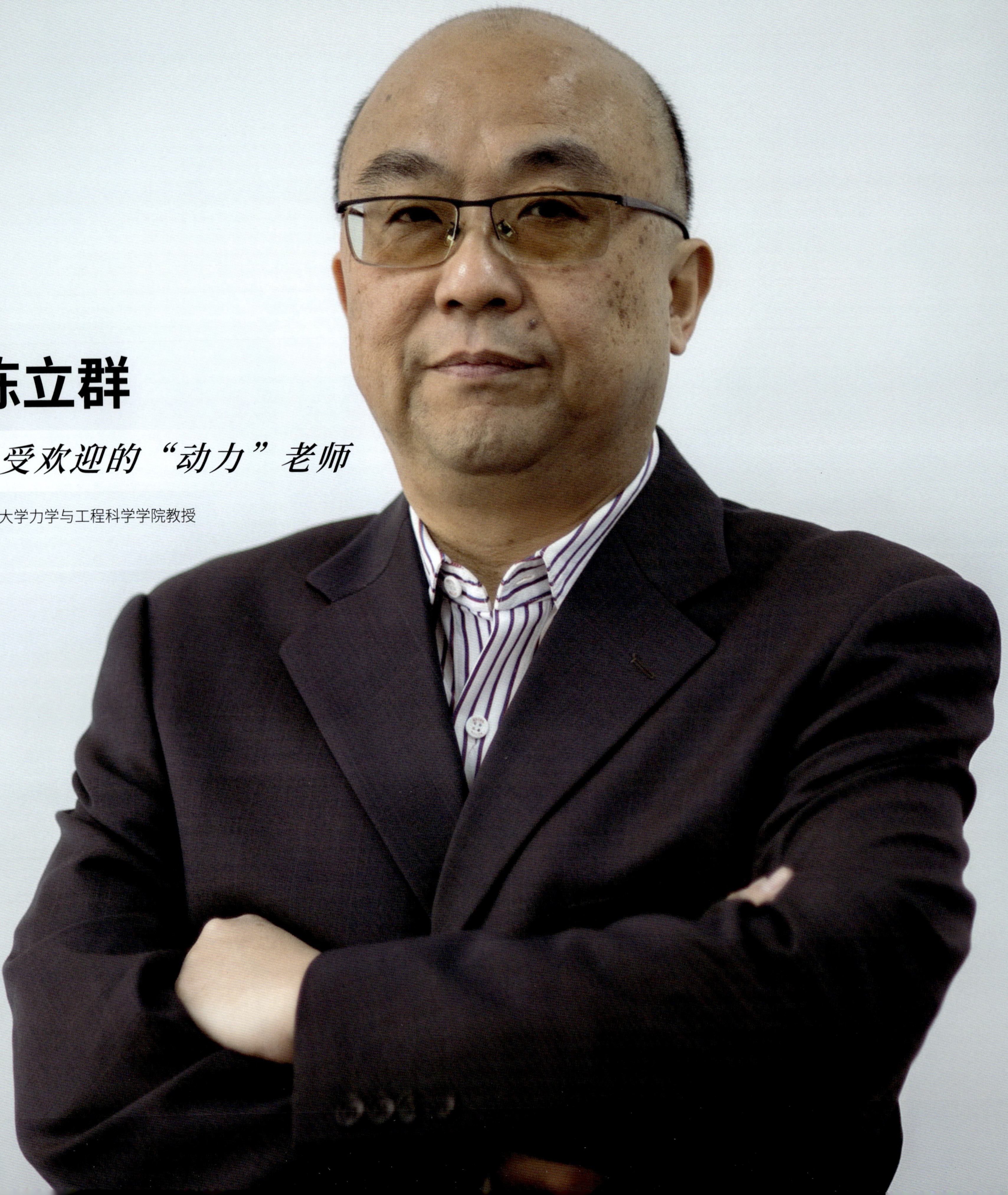

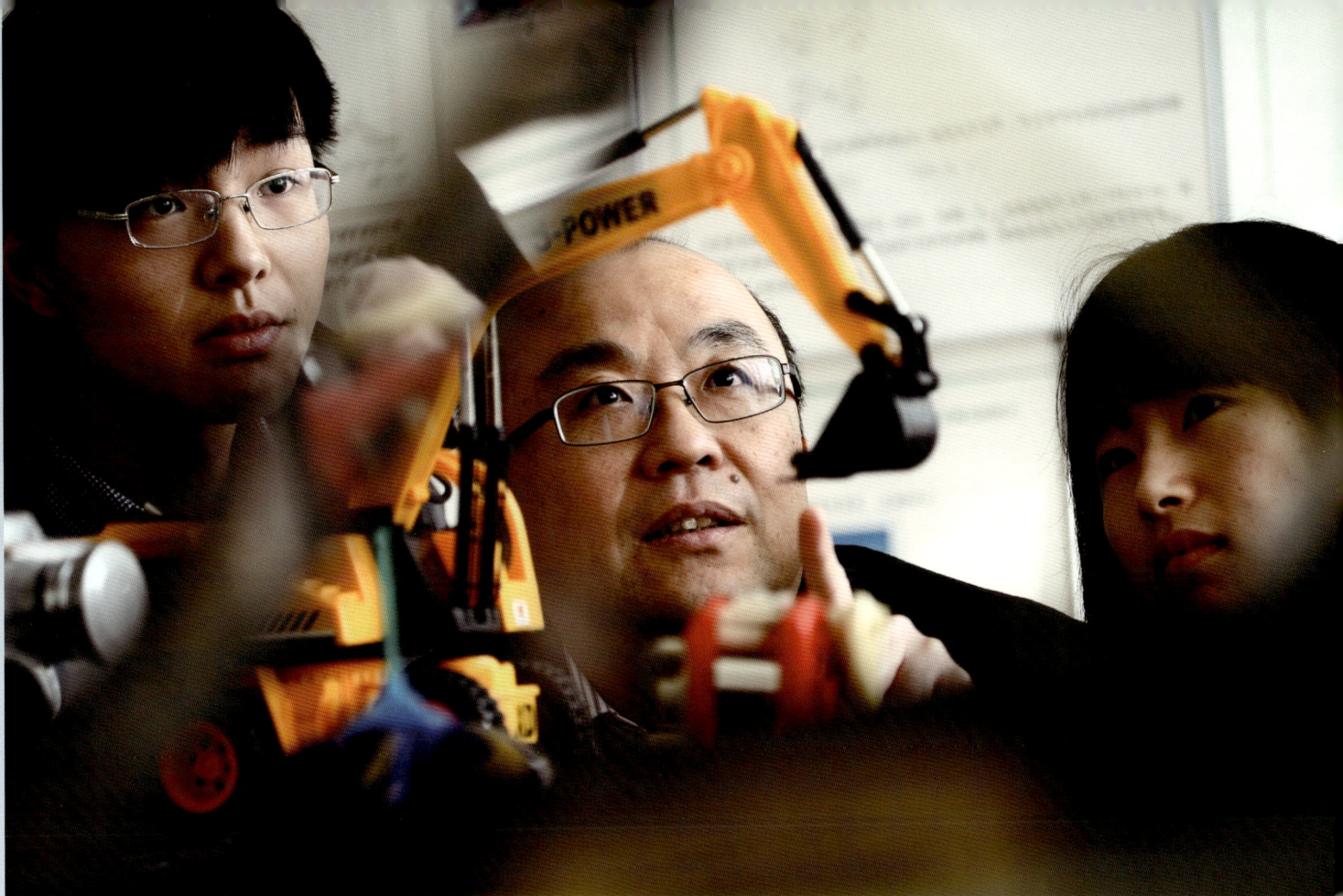

治学严谨，科研"不厌"，用知识和阅历教书育人。他诲人不倦，追求卓越，从"经验型"到"科研型"，从"青年助教"到"教学名师"，把高端科研讲透，把知识讲明白。他，是学生最欢迎的"动力"老师。

一片丹心育桃李

2004 年春天，26 岁的丁虎风尘仆仆赶赴上海大学参加博士研究生入学考试。对未来科研事业满怀美好憧憬的他，决定先去拜访报考导师陈立群教授。

在上海大学宝山校区 F 楼办公室里，丁虎第一次见到了他崇敬的陈教授。一番聊天后，陈教授很快就感受到眼前的小伙子是个对科研有热情、有担当的好苗子。"你将来要做的，是世界上没有人做过的事情。"他以这样一句话结束了这次见面。

就是这一句话，瞬间抓住了丁虎的心。科研是人类的事业，把有趣的事业造福人类，这不就是自己读博深造的目的吗？最终考上博士的丁虎在 2005 年正式成为陈教授的博士。他毕业后留校任教，在陈教授的带领下获得了国家优秀青年基金、国家自然科学奖学术荣誉。

柳爽是陈教授指导的第 22 个博士，如今已在上海应用技术大学任教，她时刻把导师作为自己学习的榜样，课堂内外践行"服务学生、分享知识"的教育理念。

陈教授给本科生讲授通识类课程时，力学里抽象的非线性和混沌概念，被他信手拈来的历史典故和旁征博引的文献古籍，解释成了深入浅出的趣味知识。一次研讨结束，和陈教授一同走在校园的柳爽不知快递点是在东边还是在南边，陈教授便在太阳底下当场示范，通过太阳高度角和影子长短关系来判定方向和时间，给没有方向感的柳爽实地上起了地理课。

伟大的设计也许并不需要伟大的设计者，但一定需要从不倦怠的引导者。陈立群教授在"教师"这个既普通又高尚的岗位上，诲人不倦、教以贯之，培养了一批批多元而全面发展的学生。

何学锋

教育理想的坚守者

上海市闵行区实验小学校长、党总支副书记

他给了学生一杆尺，给了教师一副圆规。22 年追随"新基础教育"实践教育教学改革，踏石留印，激发出百年老校不竭的内生力。16 年精心打造"一校四区"超大航母学校，全方位优质均衡，造福每一个孩子。浇灌满园桃李，垒起栋梁万千！

让孩子都享有优质教育

2019 年 5 月 30 日傍晚，闵行区实验小学畹町校区"六一"篝火晚会隆重举行，操场上 4000 多名学生及家长挥舞着各色荧光棒，沉浸在欢乐的海洋里……

就在 5 年前，这里曾是一所开办了 10 多年的九年一贯制学校，偌大的校舍规模却始终无法吸引足够的生源，而近在咫尺的实验小学两个校区却连年爆棚。

为了缓解实验小学校区资源紧张的问题，实现教育资源均衡，政府决定把这所九年制学校的小学部交给实验小学开办第四个校区。但开办之初，各种社会舆论喧嚣尘上——

"这是挂羊头卖狗肉，实验小学才不会真来管我们这种分校！"

"这下老汤要稀释了！"

甚至有老校区的家长跑到何学锋校长室说："决不能把我们的老师调到新校区去！"

但何学锋坚决顶住压力，他一方面向新校区家长承诺，"一视同仁，确保每个学科、每个年级有老校区骨干，从课程到师资实现资源共享"；另一方面又力排众议，"我要确保的是每个校区每个班级的质量，而不只是一个班级"。

其实这也是他 15 年间先后开办三个新校区一贯不变的立场——为了每个校区的每个孩子。事实证明每个校区在短短的几年内都得到了家长的高度认可。

篝火晚会上，一幕幕短片回顾了 5 年的办学，一个个节目呈现着孩子们的成长，家长们看得热泪盈眶。活动一结束，家长们便团团围住何学锋，要与他合影，并向他表达诚挚的谢意。

何学锋正是凭借自己的大爱和无私，为更多的孩子享受优质均衡的教育贡献着自己的全部智慧和力量，诠释了作为一名特级校长的责任和担当。

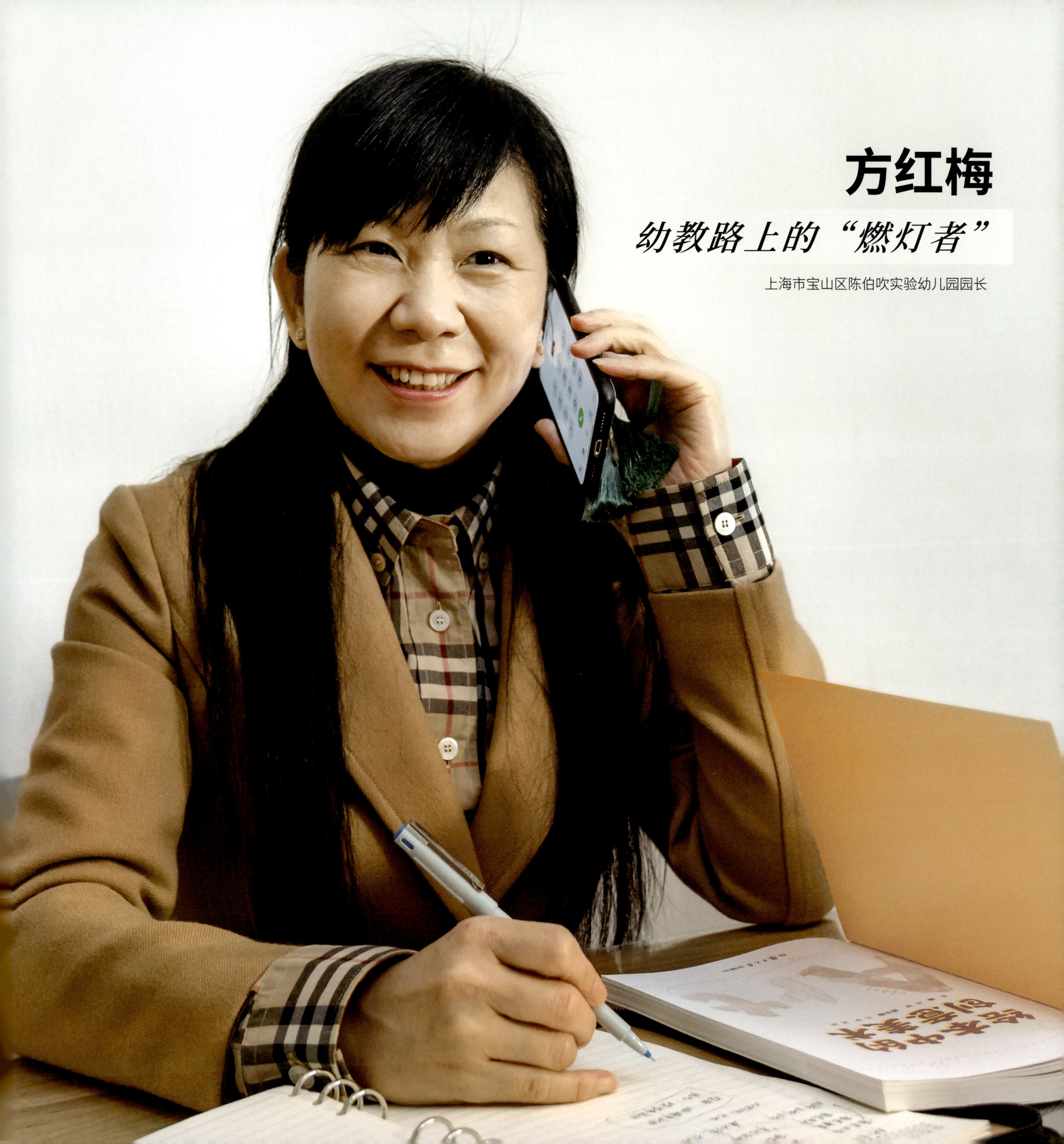

方红梅

幼教路上的“燃灯者”

上海市宝山区陈伯吹实验幼儿园园长

她如春风化雨，润物无声；她能点石成金，琢璞成器；温柔的双肩托起一片蓝天，护着祖国的花朵，守住教育"源泉"。她给了孩子两样东西：幸福和快乐，她给了老师两样东西：情怀和梦想。

"我在"换回教师"我懂"

周三上午，方老师的园长课堂又开始了，担任园长这么多年从未间断过。今天她带领青年教师走进了孩子们的活动现场。

老师正在组织大班孩子"播报新闻"，原来是一起交通事故引起了孩子们的兴趣，围绕着时间、地点、人物、事件，孩子们讲得特别完整。看着自信讲述的孩子们，方老师也开始和孩子们互动了："同学们，为什么车子开得好好的撞到了隔离带上？谁的家里有车子？看了这个新闻你想和爸爸妈妈说什么呢？"……方老师告诉老师们："我们不只教会孩子学会播报新闻，而且要通过新闻让孩子获得信息和成长的经验，'新闻服务生活'这才是真正的目的。"方老师经常用自己的亲身实践"具象演绎"教学方法，给予青年教师最直接的指导，传递着"教育让每个孩子走得更远"的教育理念。

两周一次名师工作室，来自市、区幼儿园喜欢音乐活动的学员都来了，今天是方老师的现场教学活动，大家都早早来到多功能厅。经过几次研讨，学员对"音乐如何为文学作品的欣赏服务"还是有些难理解和把握。方老师决定亲自演绎，引人入胜的情景语言，清晰的问题表述，充满童趣和智慧的互动机制，让学员感受"艺术同构"视野下文学活动的魅力，给了老师信心和勇气。老师们高兴地说："只要方老师在，再大的困难都不怕。"方老师传递的不只是一个活动，而是一种精神、一种文化和动力。每当老师们教育教学遇到困难时，方老师简单的"我在"，换回的是教师们一句"我懂"。

培养出人才、办学出品牌、教育出成果是方老师永远的追求！

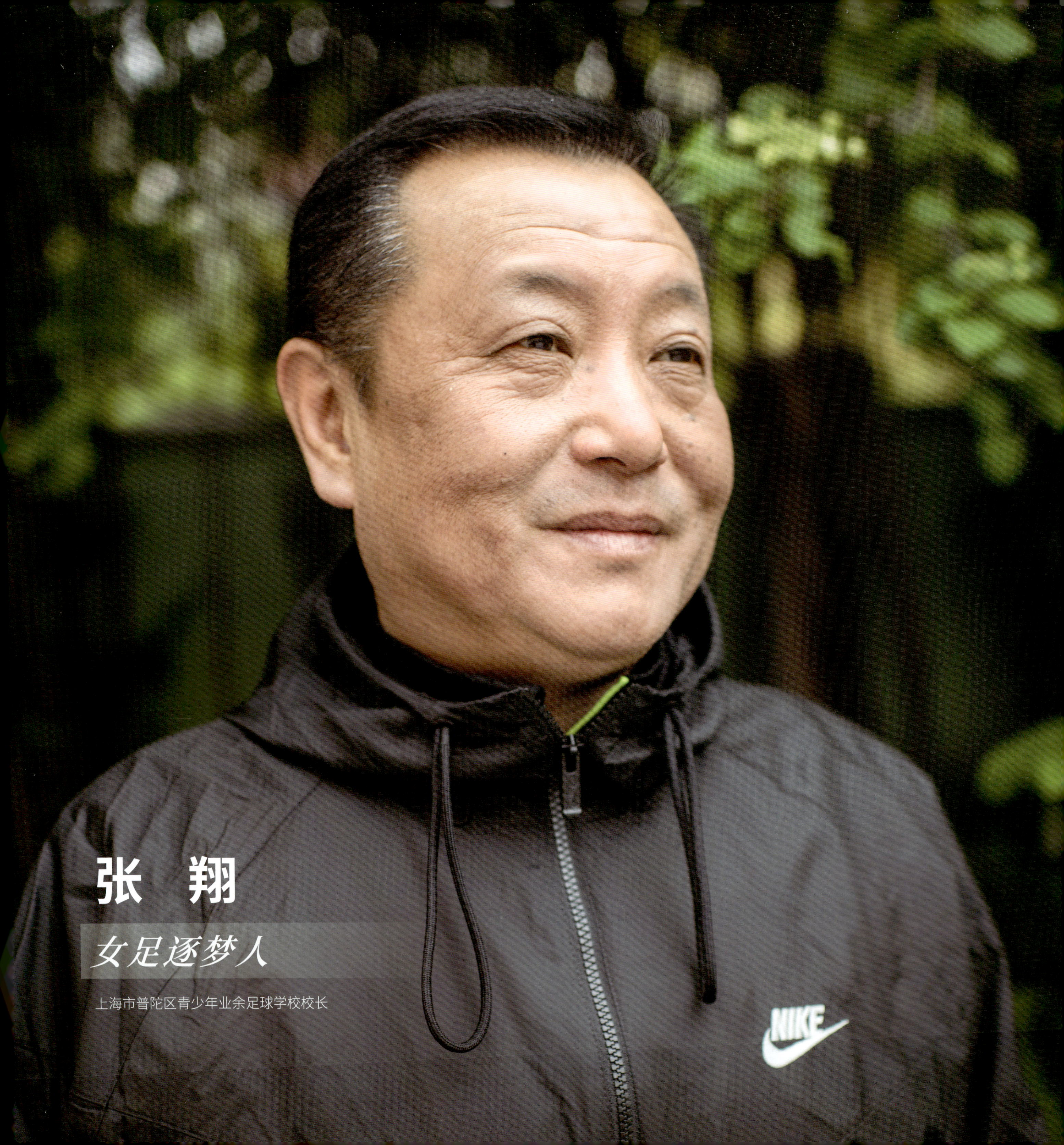

张　翔

女足逐梦人

上海市普陀区青少年业余足球学校校长

深耕二十七载春秋，培育女足优质幼苗，他无私奉献，坚守一份无关金钱的执着，他耗尽心血，追逐一个朴实无华的理想。这一切，只为实现振兴国足之梦！

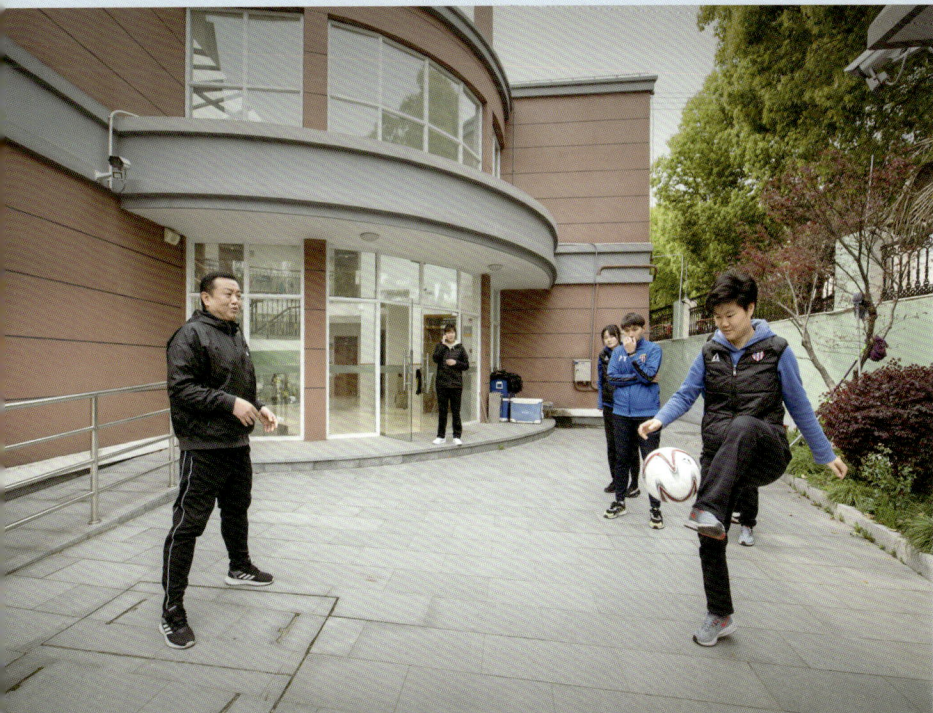

绿茵场上育新苗

在 2019 年 6 月举行的一场足球赛事中，共有 136 支球队 1960 人参赛，总计达 552 场的小组赛和总决赛均在 3 个月内完成。对校园足球不了解的人绝不会想到，这竟是一场由上海市普陀区举办的区级校园足球精英赛。参赛的中小学校多达 39 所，不同年龄段男女组别的冠军分落桃浦中学、曹杨二中、梅陇中学和朝春中心、金沙江路小学等学校，展现了普陀足球青训全面开花、欣欣向荣的景象。

负责这次足球赛事的总管就是张翔。2013 年前他是普陀女足主教练，由他带教的普陀女足被多家专业体育媒体认为"在全国乃至世界赛场取得的各项荣誉和任何一支男足球队相比，都毫不逊色"。2013 年他出任普陀区青少年业余足球学校校长，开启了新一轮征程。

作为描绘全区足球事业的"执笔"人，除了工作日，他把双休日、寒暑假、国定节假日全部用上，走遍区内所有开展足球训练的中小学校、幼儿园、职业学校，用满腔热情精心指导。为掌握学生运动员的训练水平，他不论是盛夏严冬，还是身体有病，总以饱满的精神状态到场指导，绿茵场上洒下了他的汗水。以他为主的教练团队每天参与辅导队员的功课，不少队员考取了复旦大学等高校，不仅获得了家长支持，还得到了各校认可，为打通队员小、初、高的升学通道夯实了基础。

近年来，普陀区不仅成功独创校园足球"双精英"模式，向上海队、国家队输送了多名优秀男女足运动员，全区还拥有了 27 所全国青少年校园足球特色学校。但张翔说："还有很多孩子憧憬着成为足球明日栋梁。为给他们创造更多成材机会，我愿一直在路上。"

王 承

宜家 "大管家"

上海宜家家居有限公司安全风险经理、工会主席

无畏艰难，用实际行动去感召；亲力亲为，以人格魅力去驾驭；安全首位，用严谨态度去守护；心系企业，情聚职工，浓浓人情味中收获满满信任！

兼职做得比专职好

王承因具有担当精神，在 300 多名职工的差额选举中，他几乎是全票当选为工会主席的。职工看重他两点：一是他在自身工作岗位上干得漂亮；二是相信他是个敢于为职工发声、愿意为职工服务的人。

外资企业的工会主席大多是兼职，"职工领袖"是吃力不讨好的角色。王承也是兼职工会主席工作，但是他把兼职做得比专职还好。一家大型家居商场的安全风险，是商场的生命线，作为工会主席，王承需要时刻在商场里"走、看、问、想"，经常与职工交流，注意倾听职工的意见和诉求，了解他们的所思所想。他切实履行工会组织维护职工合法权益的基本职责，积极推进工资集体协商，经过不懈努力，终于成功签订了宜家华东地区首份独立工资集体协议，使上海宜家徐汇商场成为宜家中国集团工会工作的典范。他还成功促成宜家与市总工会"爱心妈咪小屋""亲子工作室"等合作项目。

王承积极践行"社会责任"担当。街道和交警部门希望宜家能够协助解决居民夜间停车难的问题，王承与管理层多次沟通、多方协调，宜家投入大笔资金对原有停车系统进行改造，为附近居民开放了商场的停车库，有效地解决了停车难问题。在这次新冠肺炎疫情期间，他又义不容辞地站了出来，放弃休息时间，争分夺秒向宜家在中国的 40 多家单位紧急运送了近 26 万个口罩、3500 副护目镜和 600 公斤消毒洗手液，大大缓解了全国各宜家单位防疫物资紧缺的局面。平时他还利用休息时间主动参与街道的小区防疫工作，协助物业保安值守，宣传防护知识，得到了大家的好评。

李香花

传递"红色基因"的汽车人

沃尔沃汽车（亚太）投资控股有限公司设施管理总监

点燃工作激情的火把

2010 年 7 月，李香花入职沃尔沃汽车公司，像无数普通的汽车人一样，她的心里有一个整车梦。

当时吉利还没有完成并购交割仪式，如并购失败，项目组将解散。勇气和梦想推动李香花行动。她立马着手组建团队、规划流程，肩负起招标建设第一座沃尔沃在华工厂的重任。白天一刻不停开会研讨，晚上熬夜加班收发邮件，无数个日日夜夜的付出终出成效，国内第一座沃尔沃工厂在成都建成。其生产的 60 车系被销往美国与欧洲，中国制造的豪华车成功进入美国市场，这在中国汽车工业史上尚属首次。以后，她又成功主导并圆满完成了大庆沃尔沃工厂、张家口沃尔沃工厂的基建，以及机器设备等采购工作，引领全球 IT 采购团队与 IT 相关方建立强大的网络联系，沃尔沃汽车本土化率从 52% 提高到 75%。

2018 年，李香花任设施管理总监，负责总部大楼的建成收尾与搬迁。接到项目的时候，距离大楼完工与搬迁期限只有半年左右的时间，而沃尔沃汽车亚太区总部大楼建筑面积约 50 000 平米，涉及搬迁员工逾千名。要按时完成如此大规模且复杂的搬迁几乎不可能。"每次我一回头看到大家眼睛里的信任，我就充满了动力。"李香花说。就是这一份动力，使她充满激情，全身心地投入到建设和搬迁工作中去。在她的高效推动下，不可能变成了可能，最终按时完成了沃尔沃汽车亚太总部的建设和搬迁。沃尔沃总部大楼由此成为上海办公楼宇的新地标，吸粉无数。

激情是成功的基石，李香花用行动向我们诠释了什么是工作激情。

她事无巨细，在乎职工的每件"小事"；她锐意进取，推动四地工会积极转起来；她逆风"开场"，建立 5 人组到 150 人的温暖团队；她用睿智、热情、坚定的信念，带领出一个有趣又有爱的工会；她以温暖和欢笑，让沃尔沃汽车的声音，以另一种方式走得更远、更温暖、更有力！

刘家秀

职工的"贴心人"

上海上科电器（集团）有限公司办公室主任

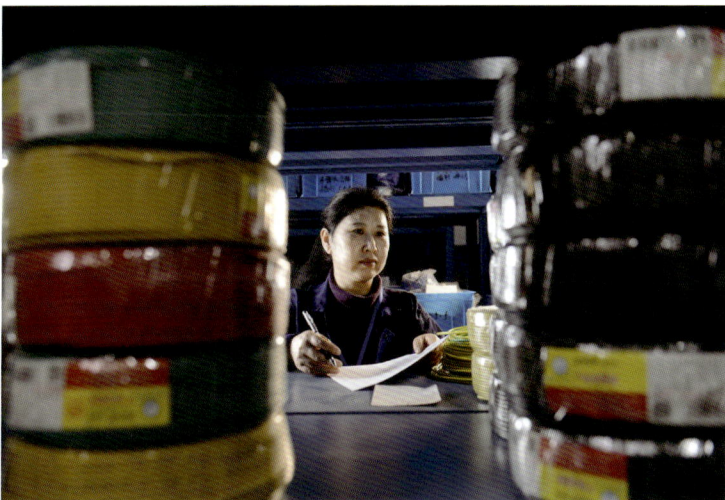

有责任感更富有爱心

2002 年刘家秀到上海来打工，由于爱岗敬业，被公司提拔担任了车间主任。8 年里，刘家秀不畏惧任何困难，兢兢业业，用心做事，一步一个脚印开展工作，把车间管理得井井有条：明确工作职责，合理布置生产，规范操作流程，整洁工作场地，营造安全宽松的工作氛围，使员工增强了对企业的满足感。

刘家秀文化程度不高，却始终保持着良好的学习习惯，不断提升自己，成为公司领导的得力助手。她发现车间与仓库之间物料申领环节凌乱，便主动向公司提出规范各车间物料申领流程建议，既为公司节约成本，又提高工作效率。领导都知道，把任务交给她，一百个放心！奉贤电视台一位记者采访时问她："你受过什么教育？"她回答："我来自农村，小时候家里穷，父母对我的教育是从一粒米、一根线开始的。父母告诉我，不要指望能高人一等，只要能认真踏实、细心努力做好事情就行了……"记者听了激动地说："你是最幸运的人——你受过人生最好的教育！"

2018 年 4 月，职工李彬被确诊为前列腺癌，家里为他花光了所有积蓄，面对巨额医疗费，全家陷入了困境。刘家秀得知这一情况后立即上报公司工会，同时迅速发起"病魔无情人有情"捐助献爱心活动。她自己带头捐款，大家纷纷响应，仅一天时间，公司 100 多位党员和干部职工累计捐款达 3.5 万余元。当捐款送到李彬家属的手中时，他妻子含着眼泪，感动得不知道如何表达谢意。

刘家秀就是这样一个有担当、有爱心的人，哪里有困难，哪里有需要，哪里就有她。她温暖着同事的心，呵护着身边的人。

她用自强不息的奋斗精神，融入上海时代发展的洪流，无论在什么岗位，她都用自己的耐心和信心，扎根在职工心中，用实际行动证明了在平凡的岗位上也能做出不平凡的贡献，于无声处，绽放新上海人之光。

后　记

新时代，新起点，新征程。

"不惰者，众善之师也。"社会主义是干出来的，新时代是奋斗出来的。

千千万万奋斗在各行各业的劳动群众在平凡的岗位上创造了不平凡的业绩，以实际行动诠释了中国人民具有的伟大创造精神、伟大奋斗精神、伟大团结精神、伟大梦想精神。

新时代的上海产业工人把"劳动最光荣、劳动最崇高、劳动最伟大、劳动最美丽"的理念深植于心，在人民城市人民建、人民城市为人民的实践中，以劳模精神、劳动精神、工匠精神为引领，勠力同心为人民，凝心聚力绘蓝图，努力创造令世界刮目相看的新时代上海发展新奇迹，为实现中华民族伟大复兴的中国梦接续奋斗。

光荣属于劳动者，幸福属于劳动者。

图书在版编目（ＣＩＰ）数据

致敬！新时代领跑者 / 上海市总工会编著 . -- 上海：
上海文化出版社 , 2020.12
ISBN 978-7-5535-2169-5

Ⅰ . ①致… Ⅱ . ①上… Ⅲ . ①劳动模范－先进事迹－
上海－ 2016-2020 Ⅳ . ① K820.851

中国版本图书馆 CIP 数据核字 (2020) 第 240325 号

出 版 人：姜逸青
责任编辑：王茹筠　　吴志刚
装帧设计：汤静远　　曾可炜

书　　　名：致敬！新时代领跑者
著　　　者：上海市总工会
摄　　　影：上海市职工文化体育协会摄影专业委员会等
出　　　版：上海世纪出版集团 上海文化出版社
地　　　址：上海市绍兴路 7 号 200020
发　　　行：上海文艺出版社发行中心
　　　　　　上海市绍兴路 50 号 200020 www.ewen.co
印　　　刷：上海艾登印刷有限公司
开　　　本：889×1194 1/12
印　　　张：20
印　　　次：2020 年 12 月第一版 2020 年 12 月第一次印刷
书　　　号：ISBN 978-7-5535-2169-5/J.508
定　　　价：168.00 元
告 读 者：如发现本书有质量问题请与印刷厂质量科联系　电话：021-64966233